Spanish Short Stories for Beginners

Learn Spanish Easily with 12 Simple and Captivating Common and Noble Stories.

[Michael Navarro]

Text Copyright © [Michael Navarro]

All rights reserved. No part of this guide may be reproduced in any form without permission in writing from the publisher except in the case of brief quotations embodied in critical articles or reviews.

Legal & Disclaimer

The information contained in this book and its contents is not designed to replace or take the place of any form of medical or professional advice; and is not meant to replace the need for independent medical, financial, legal or other professional advice or services, as may be required. The content and information in this book has been provided for educational and entertainment purposes only.

The content and information contained in this book has been compiled from sources deemed reliable, and it is accurate to the best of the Author's knowledge, information and belief. However, the Author cannot guarantee its accuracy and validity and cannot be held liable for any errors and/or omissions. Further, changes are periodically made to this book as and when needed. Where appropriate and/or necessary, you must consult a professional (including but not limited to your doctor, attorney, financial advisor or such other professional advisor) before using any of the suggested remedies, techniques, or information in this book.

Upon using the contents and information contained in this book, you agree to hold harmless the Author from and against any damages, costs, and expenses, including any legal fees potentially resulting from the application of any of the information provided by this book. This disclaimer applies to any loss, damages or injury caused by the use and application, whether directly or indirectly, of any advice or information presented, whether for breach of contract, tort, negligence, personal injury, criminal intent, or under any other cause of action.

You agree to accept all risks of using the information presented inside this book. You agree that by continuing to read this book, where appropriate and/or necessary, you shall consult a professional (including but not limited to your doctor, attorney, or financial advisor or such other advisor as needed) before using any of the suggested remedies, techniques, or information in this book.

Table of Contents

Introduction 1

Chapter 1: Greetings and Basic Vocabulary 3

Chapter 2: Numbers 21

Chapter 3: Past tense 41

Chapter 4: Members of the Family 60

Chapter 5: School Vocabulary 71

Chapter 6: Parts of the House 85

Chapter 7: Food 101

Chapter 8: Musical Instruments 119

Chapter 9: Sports Vocabulary 138

Chapter 10: Shopping 155

Chapter 11: Animals 172

Chapter 12: Going to the Doctor 188

Conclusion 204

Introduction

So you want to learn Spanish? Then you're about to embark on one of the most rewarding, interesting and fun adventures of your life. The Spanish language is one of the most spoken languages on Earth, spreading over 20 countries where it holds the status of official language, this means that over 450 million people around the world have Spanish as their native tongue. If you include the millions more who are actively learning the language, then Spanish is one of the most used and useful languages anyone needs to learn.

Learning is a process that usually takes time and motivation from the learner. To that end, it's necessary to count on a tool that will help you make the very first step towards understanding. This is where *Spanish Short Stories for Beginners* proves useful. *Spanish Short Stories for Beginners* was designed with the learner in mind so you won't have any trouble enjoying its content.

This book compiles 12 entertaining and easy-to-read stories that take place in a wide range of settings. You'll see how certain vocabulary is used at school, at the doctor's, when talking about family members, pets and so on. The stories use basic vocabulary so that you can easily understand what's being talked about. At the end of each story, there's a brief summary of the story, both in Spanish and English. Wrapping up every chapter, a glossary of the most important words is provided along with translations.

The conversation method is used in every chapter, so you'll see the Spanish language in action! There's no better way to learn a foreign language that seeing how native speakers use it daily. Don't hesitate to return to some parts of the story if you feel you didn't catch the idea. Take a look at the word that you don't understand and look it up in the glossary, chances are you'll find it and now you'll be able to read it confidently. Remember that when you're beginning to learn a new language, you might find some terms and ideas difficult to comprehend, this doesn't mean that you should give up.

We encourage to have a positive attitude and a lot of motivation. Concentrate on each story and submerge yourself in what you're reading. Spanish is a fun language and this book makes it even funnier and easier!

Chapter 1: Greetings and Basic Vocabulary

Era un **día como cualquier otro** para Juan. Juan es un **muchacho alto**, de **cabello corto** y de **tez** muy **blanca**. A Juan no le **gusta levantarse temprano** pero tiene que hacerlo, ya que él tiene que ir a la **escuela**. Sus **padres siempre** lo animan a ser **puntual** y **responsable**, pero Juan a veces no los escucha. **Bostezando** y **estirándose**, se sienta en la **cama**. Unos instantes después, él **baja** las **escaleras** hacia el **baño** para **tomar una ducha**, cuando **de repente** ve a su **madre**.

La mamá de Juan se levanta mucho más temprano que Juan. Ella va a trabajar a las 10 de la mañana, pero ella se levanta más temprano para tener listo el desayuno. El abuelo de Juan también se levanta temprano. Los fines de semana, cuando Juan no va a estudiar, él ayuda en la cocina a hacer el desayuno. Hoy día Juan tiene que ir a estudiar.

"¡**Buenos días, hijo**!" – Dice su mamá con **voz** muy **alta**. – "!**Me alegro** que te hayas levantado **a tiempo**!

"¡Buenos días, **mamá**! – **responde** Juan.

"El **desayuno** ya está **listo** en la **mesa**" – **Anuncia** su mamá.

"**Gracias**, pero tomaré una ducha **primero**"

Juan camina hacia el baño. El baño de la casa se encuentra en el segundo piso y el dormitorio de Juan se encuentra en el tercer piso. Cuando Juan finalmente llega al baño, él intenta abrir la puerta. Pero Juan no se había **dado cuenta** que la **luz** del **baño** estaba **encendida** y que también **había ruidos** que salían del baño. Eran ruidos **familiares**, como la de una voz **cantando**. Era la **hermana** de Juan que había entrado a tomarse una ducha mucho antes de que Juan se levantara.

La hermana de Juan se llama Luisa. Luisa es una muchacha joven. Ella es mayor que Juan por tres años. Amos asisten a la misma escuela, pero Luisa está en tres grados más adelante que Juan.

"¿Vas a **tardar**?" – Juan **pregunta** a su hermana.

Pero Juan no escucha ninguna **respuesta**. Tal parece que su hermana no lo **puede** escuchar. Juan puede escuchar que hay música que viene dentro del baño. La hermana de Juan trajo la radio al baño. Eso puede ser peligroso. La hermana de Juan tiene una pequeña radio en su habitación que ella puede llevar a cualquier lugar. Es por eso que ella no puede escucharlo. Entonces Juan decide **tocar la puerta** del baño con fuerza y pregunta **una vez más**:

"¿**Cuánto tiempo** vas a estar en el baño? Yo **también quiero** tomar una ducha"

Finalmente su hermana responde:

"Juan, **dame** unos 15 **minutos** más"

"¡¿15 minutos?! ¡Pero no puedo **esperar** 15 minutos, se me va hacer muy tarde para la escuela!" – dice Juan.

Juan no tiene otra **opción** más que esperar a que su hermana salga del baño antes que sea muy tarde para la escuela. Pero Juan sabe muy bien que, en ocasiones, su hermana toma una ducha por más de 15 minutos.

Su hermana puede llegar tarde a la escuela pero tal parece que eso no le importa. Sus padres le han dicho ya varias veces que ella debe tomar una ducha en sólo 10 minutos. En ocasiones, su novio viene a recogerla. Tal vez por eso ella se está tomando más tiempo de lo usual. Normalmente, cuando su novio viene a recogerla, ellos van a ala escuela en el auto de su novio. De esa manera, ellos llegan rápido a la escuela.

Juan decide sentarse en las escaleras a esperar a que su hermana acabe de bañarse. Mientras Juan está sentado esperando por su hermana, él escucha la voz de su papá que le dice:

"Tendrás que irte a la escuela sin ducharte hoy día, hijo"

"¡Buenos días, **papá**!" – dice Juan.

"**Felizmente**, yo ya tomé una ducha. ¿Por qué no vas a **cambiarte** de **ropa** y **desayunas**?"

"Pero papá, yo quería tomar una ducha primero" – Se **queja** Juan

"Tendrás que esperar a tu hermana, entonces" – dice **jocosamente** el papá de Juan.

Es **obvio** que Juan tendrá que ir a la escuela sin ducharse. Juan no está **acostumbrado** a ir a la escuela sin ducharse. **Derrotado**, Juan sube a su **habitación**, se cambia de ropa y luego **baja** las **escaleras nuevamente** para ir al **comedor** dónde su desayuno le espera. Es un desayuno que a él le

encanta. **Avena** con **cereal** y **gofres** con **mucha miel**.

Su mamá sabe cómo levantarle el ánimo. Gofres es el desayuno favorito de Juan. A Juan le gusta tanto los gofres que en ocasiones él ha pedido a su mamá que ponga gofres en su lonchera. Ahora, en el desayuno, Juan le pide que ponga bastante miel a los gofres.

"**Buenos días**, Juan" – dice la **abuela** de Juan.

"Buenos días, abuela" – responde Juan. - ¡**Muchas gracias** por los gofres, mamá, son mis **favoritos!**"

"**De nada**, hijo" – responde su mamá.

Juan **come** tan **rápido como puede** su desayuno y se **alista** para **ir** a la escuela. Él **sabe** que si no llega temprano, puede **meterse en problemas**. Pero no se **preocupa** mucho ya que **hoy día** su papá lo llevará en su **auto**.

El auto que su papá tiene es uno nuevo. A Juan le parece muy bonito el carro de su papá. Su papá compró ese auto hace sólo unos meses. Juan también sueña con comprarse un auto cuando él crezca. Pero antes de eso, él tiene que aprender a conducir. Todo eso es lo que piensa mientras toma su desayuno.

Después de unos minutos, su mamá le dice que se apure porque puede llegar tarde.

"Ya **terminé**, mamá"

"Entonces entra al auto de tu papá ya" – responde la mamá de Juan.

Juan sale **corriendo** del comedor. Sale tan rápido que se **olvida** su **lonchera**. Pero felizmente, su mamá le **avisa** y Juan **regresa** para **coger** su lonchera. Con un **beso**, se **despide** de su mamá y de su abuela.

"**Adiós**, mamá"

"**Adiós,** hijo, **pórtate bien**" – responde su mamá

"**Nos vemos luego**" – **grita** su abuela

"Entra al auto, hijo" – le dice su papá.

"Ahí voy" – dice Juan

Juan **abre** la puerta, entra al auto, se **abrocha** el cinturón y se **pone cómodo**. Su papá **hace lo mismo** pero **además pone música**. Juan **conoce** muy bien esa **canción**. Es una canción que el papá de Juan siempre pone cuando va a **trabajar**.

"**Sube el volumen**, papá"

"**Claro**, hijo"

A Juan también le gusta mucho la canción, por eso le dice a su papá que suba el volumen. Ir en el auto de su papá es también algo que le encanta Juan. Desde que él era **pequeño**, su papá llevaba a toda la familia de **paseo** a la **playa** en el auto. Hoy día, él no está en camino a la playa. Lo mejor de todo es que cuando él va a la escuela en al auto de su papá, el viaje no toma más de 20 minutos, lo que **asegura** que Juan llegará no sólo a tiempo a la escuela, pero también mucho **más temprano** que sus **compañeros**.

La escuela a la que Juan va es una escuela muy grande. La escuela también es antigua. En la escuela de Juan, los profesores enseñan muy bien y a Juan le gusta ir a esa escuela. Él tiene muchos amigos en esta escuela. Una de las cosas que a Juan le gusta de esta escuela es que hay bastantes cosas que hacer, tiene un campo de futbol enorme y sus amigos siempre le ayudan con su tarea si él necesita tarea.

Finalmente, Juan y su papá llegan a la escuela. Su papá lo **deja** en la escuela pero antes le dice:

"¡**Hasta pronto**, hijo! ¡**Nos vemos** en la casa!"

A lo que Juan responde: "¿Vendrás a **recogerme después de clases**?"

"No podré, hijo. ¿Puedes **tomar el bus**?" – responde su papá.

"Claro, papá" – dice Juan.

"¿Tienes **suficiente** para el **pasaje de bus**?" – pregunta el papá de Juan.

"Sí, mi mamá me dio **dinero** para el bus"

Juan se despide de su papá y entra a la escuela. **Como era de esperarse**, no hay muchos **alumnos** aún, pero Juan sabe que **pronto** sus compañeros de clase **llegarán**. Él sabe que será un día **divertido** en la escuela.

La hora de entrada en la escuela de Juan es a las 8:30 de la mañana. Juan llegó hoy día media hora antes de la hora de entrada. Normalmente, no hay nadie a esa hora más que algunos profesores y a veces, algunos alumnos que les gusta llegar temprano. Juan tiene toda la escuela para él. Mientras él espera a que las clases comiencen, él se pone a jugar en el campo de fútbol. De repente, él ve una figura que viene de adentro de la escuela.

"Juan, ¿qué haces aquí tan temprano?"

Juan escucha una voz que viene desde dentro de la escuela. Es su **mejor amigo**, Andrés.

"Vine en el auto de mi papá y él me dejó aquí en la escuela" – responde Juan

"¿Quieres venir a **jugar** conmigo mientras **esperamos** a los **demás**?" – le dice Andrés

"Claro, ¡**Vamos ya**!"

Resumen de la historia

Un muchacho de 14 años llamado Juan empieza su día queriendo tomar una ducha pero se da cuenta que su hermana está en baño y tomará demasiado tiempo, así que decide salir a la escuela sin tomarse una ducha. Después del desayuno, Juan sube al auto de papá. El viaje en el auto de su papá es tan rápido que Juan llega a la escuela mucho antes que sus otros compañeros de clase. Finalmente, él escucha a un compañero llamándolo, por lo que Juan entra a jugar con él.

Summary of the story

A 14-year-old boy called Juan starts his day wanting to have a shower but he realizes that his sister is in the bathroom and will take a long time, so he decides to go to school without taking a shower. After breakfast, Juan gets into his father's car. The trip in his dad's car is so fast that Juan arrives at school way earlier than his other classmates. Finally, he hears one of his classmates calling him, so Juan enters to play with him.

- **Día:** día
- **Como cualquier otro:** Like any other
- **Muchacho:** Boy
- **Alto:** Tall
- **Cabello:** Hair
- **Corto:** Short
- **Tez:** Skin
- **Blanca:** White
- **Gusta:** Like
- **Levantarse:** Get up

- **Temprano:** Early
- **Escuela:** School
- **Padres:** Parents
- **Siempre:** Always
- **Puntual:** Punctual
- **Responsable:** Responsible
- **Escucha:** Listen
- **Bostezando:** Yawning
- **Estirándose:** Stretching
- **Cama:** Bed
- **Baja:** Go down
- **Escaleras**: Stairs
- **Baño:** Bathroom
- **Tomar una ducha:** Take a shower
- **De repente:** Suddenly
- **Buenos días:** Good morning
- **Hijo:** Son
- **Voz:** Voice

- **Alta:** High
- **Me alegro:** I'm glad
- **A tiempo:** On-time
- **Mamá:** Mother
- **Responde:** Answers
- **Desayuno:** Breakfast
- **Listo:** Ready
- **Mesa:** Table
- **Anuncia:** Announces
- **Gracias:** Thank you
- **Primero:** First
- **Dado cuenta:** Realized
- **Luz:** Light
- **Baño:** Bathroom
- **Encendida:** On
- **Había:** There were
- **Ruidos:** Noises
- **Familiares:** Familiar

- **Cantando:** Singing
- **Hermana:** Sister
- **Tardar:** Take long
- **Pregunta:** Ask
- **Respuesta:** Answer
- **Puede:** Can
- **Tocar la puerta:** Knock on the door
- **Una vez más:** One more time
- **Cuánto tiempo:** How long
- **También:** Also
- **Quiero:** Want
- **Dame:** Give me
- **Minutos:** Minutes
- **Esperar:** Wait
- **Opción:** Option
- **Papá:** Dad
- **Felizmente:** Thankfully
- **Cambiarte:** Change

- **Ropa:** Clothe
- **Desayunas:** Have breakfast
- **Queja:** Complain
- **Jocosamente:** Jokingly
- **Obvio:** Obvious
- **Acostumbrado:** Used to
- **Derrotado:** Defeated
- **Habitación:** Bedroom
- **Nuevamente:** Again
- **Comedor:** Dining room
- **Encanta:** Love
- **Avena:** Oatmeal
- **Cereal:** Cereal
- **Gofres:** Waffles
- **Mucha:** A lot
- **Miel:** Honey
- **Abuela:** Grandmother
- **Muchas gracias:** Thank you very much

- **Favoritos:** Favorite
- **De nada:** You're welcome
- **Come:** Eat
- **Rápido:** Fast
- **Como puede:** As you can
- **Alista:** Get ready
- **Ir:** Go
- **Sabe:** Know
- **Meterse en problemas:** Get into trouble
- **Preocupa:** Worry
- **Hoy día:** Today
- **Auto:** Car
- **Terminé:** Finish
- **Corriendo:** Running
- **Olvida:** Forget
- **Lonchera:** Lunch
- **Avisa:** Tell
- **Regresa:** Return

- **Coger:** Pick up / Take
- **Beso:** Kiss
- **Despide:** Say goodbye
- **Adiós:** Goodbye
- **Pórtate bien:** Behave yourself
- **Nos vemos luego:** See you later
- **Grita:** Yell
- **Abre:** Open
- **Abrocha el cinturón:** Fasten the seatbelt
- **Ponte cómodo:** Get comfortable
- **Hace lo mismo:** Do the same
- **Además:** Also
- **Pone música:** Play music
- **Conoce:** Know
- **Trabajar:** Work
- **Sube el volumen:** Turn up the volume
- **Claro:** Sure
- **Pequeño:** Little

- **Paseo:** Trip
- **Playa:** Beach
- **Más temprano:** Earlier
- **Compañeros:** Classmates
- **Finalmente:** Finally
- **Deja:** Let
- **Recogerme:** Pick me up
- **Después de clases:** After school
- **Tomar el bus:** Take the bus
- **Suficiente:** Enough
- **Pasaje de bus:** Bus fare
- **Dinero:** Money
- **Como era de esperarse:** As it was expected
- **Alumnos:** Students
- **Pronto:** Soon
- **Llegarán:** Come
- **Divertido:** Fun
- **Mejor amigo:** Best friend

- **Jugar:** lay
- **Esperamos:** Wait
- **Demás:** others
- **¡Vamos ya!:** Let's go!

Chapter 2: Numbers

Rosa fue al **supermercado** al que siempre iba cada vez que **necesitaba** hacer las compras para la **semana**. Rosa es una mujer muy **organizada**. Ella siempre escribe en una **libreta** lo que va a **comprar** ese día en el supermercado para no **olvidarse**. **Usualmente**, ella va a comprar todos los **martes**, ya que es él día en que ella no trabaja. Comprar para la semana puede ser una **tarea** muy **difícil**, pero **afortunadamente** rosa ya se acostumbró a hacerlo **sola**.

Rosa vive en una zona muy tranquila de la ciudad. A ella le gusta vivir aquí. Ella se mudó a este vecindario hace tres años. Cerca de su vecindario ella puede encontrar el supermercado. El supermercado al que Rosa va todos los martes es un supermercado nuevo.

Rosa se **alista**, coge su bolsa y toma el bus. La **estación del bus** está a solo 1 **cuadra** de la casa de Rosa.

"¡Buenos días!" – dice Rosa al **chofer** del bus

"¡Buenos días!" - responde el chofer a Rosa

"¿Cuánto está el **pasaje de bus**?" – pregunta Rosa

"Está 1 dólar con **veinte centavos**"

Con una **sonrisa** en el **rostro**, Rosa saca su **billetera** y **empieza** a buscar unas cuantas **monedas** para **pagar** el pasaje del bus. Pero no **encuentra** ninguna **moneda**.

El pasaje de bus es muy barato. Rosa ha escuchado que en otras ciudades el pasaje está el doble o incluso más. El pasaje de bus en la anterior ciudad en la que Rosa vivía costaba 2 dólares. A veces, el pasaje subía de precio sin razón.

"¡O, no! ¡De seguro **olvidé** las monedas antes de **salir** de casa!" – **Piensa** Rosa **dentro de sí misma.**

Después de buscar en su billetera por alguna moneda, Rosa no encuentra ninguna. **Felizmente**, Rosa había **guardado** unos **billetes** en su billetera. Ella tiene que preguntar ahora si se aceptan billetes.

"¿Tiene **cambio** de 10?"

El chofer **mueve** la **cabeza**, **indicándole** que sí, él sí tiene **suficiente** cambio para un billete de diez dólares. Después de dar el **cambio** a Rosa, el chofer le indica que **tome un asiento**.

"**Disfrute del viaje**" – dice el chofer.

A veces, Rosa quisiera comprarse un auto. La verdad es que comprarse un auto está fuera de los planes de Rosa ya que un auto puede ser muy caro. Varias veces, Rosa ha preguntado a sus amigos e incluso a algunos familiares lo que costaría comprar un auto nuevo, pero vez tras vez, ella ha ido recibiendo la misma respuesta: es demasiado caro comprarse un **auto** nuevo.

Eso no **significa** que Rosa se ha rendido. Ella sigue ahorrando para comprarse un auto nuevo. ¿Qué hay de autos usados? Bueno, Rosa solía tener un auto usado hace varios años. Ella solía usarlo para ir a **trabajar**. Después de que ella dejo su trabajo, ella vendió ese auto. Con el dinero de la venta, ella se compró un departamento en la zona donde ella ahora está viviendo.

Ella se prometió a sí misma que no volvería a comprarse una ut usado. ¿Por qué? Porque el **auto** que Rosa solía usar para ir a trabajar tenía bastantes fallas. Ella tenía que llevarlo constantemente al taller y ella usualmente pagaba bastante dinero para tener el carro reparado.

Ella no quería volver a gastar tanto **dinero** para reparar un **auto**. Así que cuando ella empezó a vivir en su nuevo apartamento, ella dejó de pensar en **conducir**. Ella no puede dejar de fantasear sobre cómo sería su viaje si tuviese un **auto**.

Mientras Rosa está sentada en el bus, **se le ocurre** coger su lista de compras y ver que **artículos** comprará para la semana. Es una **lista** muy **larga**. Ella compra **teniendo en mente** a sus **dos hijos** y también a sus **tres mascotas**. Rosa empieza a leer de la lista:

- "Un **kilogramo** de **azúcar**
- **Medio kilogramo** de **sal**
- **Cinco latas** de **atún enlatado**
- 250 kilogramos de **ajo**
- 4 **kilos** de **cebolla**
- **Un kilo y medio** de **plátano**..."

Rosa para de **leer** su lista y se **da cuenta** que su **teléfono celular** empezó a **sonar**. El teléfono de Rosa es un teléfono **muy moderno**, pero Rosa aún no **sabe usarlo** muy bien. Por eso, le toma un poco de tiempo

responder la llamada. Cuando **finalmente** Rosa **contesta**, una **voz** muy **familiar** se escucha **diciendo**:

"Hola, Rosa, **soy** Mariana"

Rosa **sonríe** y responde – "Mariana, ¡**qué gusto** escuchar de ti!

"Gracias, Rosa quiero **contarte** que **acabo de mudarme** a una **nueva casa** y **pensaba** que tal vez **te gustaría visitarme**" – dice Mariana

"**Me encantaría. ¿Dónde estás viviendo ahora**?

"Mi **nueva dirección** es 452 calle Las Palmeras"

"¿Es esa **realmente** tu **dirección**? Yo vivo en la 862 de la **misma** calle. Eso **significa** que ahora somos **vecinas**" - dice Rosa.

"Así es. Bueno vecina, tengo que **colgar** la llamada. Estoy **cocinando**. Te **llamo luego**"

Muy **alegre**, Rosa **guarda** su **celular** en su bolsillo. Han pasado **tantos años desde** que ella y Mariana se **encuentran**. ¡Y ahora **resulta** que son vecinas! Sólo 4 cuadras las **separa**.

"Eso es **sólo** 7 u 8 minutos **caminando**. En **bicicleta** sólo me tomaría 5 **minutos** o **incluso menos**." – piensa Rosa.

Pero **antes** de **seguir**, ella tiene que **anotar** el **número** de Mariana. Rosa no quiere **olvidarse** del número de Mariana, así que ella lo anota **de inmediato**. El número de Mariana es un poco **largo**. Pero Rosa lo anota **de todas maneras**. El número es 252 555 7812. Después de anotar el número, **Rosa ve por la ventana** y **se da cuenta** que está **a punto de llegar** al supermercado. Sólo **tres paraderos de bus** más.

En el camino al supermercado, Rosa puede notar que hay **muchísimas personas saliendo** a **estudiar** o **trabajar**. **A mitad del camino** hacia el supermercado, hay una escuela enorme. No es la primera vez que ella ve esta escuela, pero es la primera vez que ve que hay bastantes alumnos. Muchos de ellos son jóvenes y niños. Ella empieza a recordar como era su vida cuando ella estaba también ene colegio. Ella se graduó de la escuela hace muchos años. Ahora son sus sobrinos los que van a la escuela. Ellos no van a esta escuela pero ellos han estado **pensando** en mudarse a esta zona también. Si ellos se llagan a mudar aquí, entonces tendrán que **asistir** a esta escuela. Rosa aun no puede dejar de asombrarse por la **cantidad** de alumnos que ve.

"De seguro hay más de **dos mil quinientos alumnos**."

En el bus también hay **bastantes** personas. Muchas de las personas que están el bus **con** a Rosa están en camino al trabajo. El bus en el cual Rosa está tiene **por lo menos** 50 **asientos**. **Eso significa** que hay **capacidad** para 50 personas. Rosa está **contenta** de haber encontrado un asiento **disponible**.

"Sólo falta un paradero para el supermercado" – **anuncia** el chofer.

Rosa se **prepara** para bajar del bus. Ella se **levanta** de su asiento pero todo el cambio que el chofer le dio se le **cae** y todas las **monedas ruedan** a varios **lugares** del bus.

"¡No puede ser! Por favor, **ayúdenme** a **recoger** mis monedas" – dice Rosa **preocupadamente**.

"Recuerde que le di ocho dólares con ochenta centavos de cambio" – le dice el chofer.

"Gracias"

Todas las personas se levantan de sus asientos para ayudar **amablemente** a recoger las monedas de Rosa. Ellos entregan las monedas a Rosa y Rosa les **agradece**.

"**Acá** hay 4 monedas" – dice un pasajero

"**Aquí** le **traje** 16 monedas" – dice otro pasajero

Poco a poco, Rosa recupera todas las monedas que se le cayeron.

"**Llegamos** al supermercado" – anuncia el chofer

Rosa guarda su dinero, **baja** del bus y **da las gracias** al chofer. El paradero del supermercado es muy limpio. Ahora ella tiene que **entrar** al supermercado y **comprar** todo lo que **necesita**.

"Espero poder **encontrar** lo que tengo que **comprar**; **si no**, **tendré** que ir al **centro comercial** que está a 20 minutos **de aquí**"

Ella se acerca a la puerta del mercado y se da cuenta que está cerrada. Ella no entiende por qué el mercado está cerrado. Entonces, una persona se le acerca y le dice que no se preocupe.

"El mercado no está cerrado."

"Entonces, ¿qué ocurrió? ¿Por qué esta puerta está cerrada?"

"Es porque están reparando las tuberías de las tiendas que están cerca a estas puertas. Las han cerrado para que no haya accidentes."

"Entonces, ¿cómo puedo entrar al mercado si las puertas están cerradas?"

"Tiene que seguir caminando. Si sigue caminando usted encontrará otras puertas. Esas puertas deben seguir abiertas."

"Muchas gracias por ayudarme"

"De nada"

Rosa sigue caminando y, tal como la persona le había dicho, ella encuentra dos puertas grandes. Esas dos puertas grandes estaban abiertas y todas las personas que quieran entrar al mercado tenían que entrar por esas puertas.

Rosa entra y empieza a comprar todo lo que ella escribo en la lista. Felizmente, ella encuentra todos los productos. Aunque ella no ha vivido tanto tiempo aquí como sus otros vecinos, ella ya conoce dónde comprar y que productos son los mejores.

Después de terminar de comprar todos los productos, ella tiene que tomar el bus de regreso a casa. Ella sale del mercado y va al paradero de bus. Ella espera l bus que llegue. Finalmente el bus llega. Rosa aun no puede dejar de pensar en cómo sería su vida si tuviera un auto.

Al final, Rosa vuelve a casa con todas las compras. Ella empieza a ordenar y a seguir con los quehaceres de la casa.

Resumen de la historia

Rosa es una mujer que decide ir al supermercado para comprar lo que ella necesita para la semana. Durante su viaje al supermercado, ella recibe una llamada que la distrae. Ella se prepara para bajar del bus, pero desafortunadamente, todo su dinero se cae al suelo. Los otros pasajeros amablemente la ayudan a recuperar todo su dinero. Finalmente ella baja del bus para ir a comprar al supermercado

Summary of the story

Rosa is a woman who decided to go to the supermarket to buy what she needs for the week. During her trip to the supermarket, she receives a call that distracts her. She then gets ready to get off the bus, but unfortunately, all her money falls to the ground. The other passengers kindly help her and she recovers all her money. She finally gets off the bus to go to the supermarket.

- **Supermercado: Supermarket**
- **Necesitaba: Need**
- **Semana: Week**
- **Organizada: Organized**
- **Libreta: Notebook**
- **Comprar: buy**
- **Olvidarse: forget**
- **Usualmente: usually**
- **Martes: Tuesdays**
- **Tarea: Task**
- **Difícil: difficult**

- **Afortunadamente:** fortunately
- **Alista:** gets ready
- **Estación de bus:** bus stop
- **Cuadra:** block
- **Chofer:** driver
- **Pasaje de bus:** bus fare
- **Veinte:** twenty
- **Centavos:** cents
- **Sonrisa:** smile
- **Rostro:** face
- **Billetera:** wallet
- **Empieza:** starts
- **Monedas:** coins
- **Pagar:** pay
- **Encuentra:** finds
- **Olvidé:** I forgot
- **Salir:** go out
- **Piensa:** thinks

- **Dentro de sí misma:** within herself
- **Después:** after
- **Felizmente:** fortunately
- **Guardado:** kept
- **Billetes:** bills
- **Cambio:** change
- **Mueve:** move
- **Cabeza:** head
- **Indicándole:** indicating to her
- **Suficiente:** enough
- **Tome un asiento:** have a seat
- **Disfrute del viaje:** enjoy the trip
- **Mientras:** while
- **Se le ocurre:** It ocurred to her
- **Artículos:** Items
- **Lista:** list
- **Larga:** long
- **Teniendo en mente:** having in mind

- **Dos:** two
- **Hijos:** children
- **Tres:** three
- **Mascotas:** pets
- **Kilogramo:** kilogram
- **Azúcar:** sugar
- **Medio kilogramo:** half a kilogram
- **Sal:** salt
- **Cinco:** five
- **Latas:** cans
- **Atún enlatado:** canned tuna
- **Ajo:** garlic
- **Kilos:** kilos
- **Cebolla:** onion
- **Un kilo y medio:** a kilogram and a half
- **Plátano:** banana
- **Leer:** read
- **Da cuenta:** realizes

- **Teléfono celular: cellphone**
- **Sonar: rings**
- **Muy: very**
- **Moderno: modern**
- **Sabe: knows**
- **Usarlo: use it**
- **Responder: answer**
- **Finalmente: finally**
- **Voz: voice**
- **Familiar: familiar**
- **Diciendo: saying**
- **Soy: I am**
- **Sonríe: smile**
- **¡Qué gusto!: how nice!**
- **Contarte: tell you**
- **Acabo de mudarme: I have already moved**
- **Nueva: new**
- **Casa: house**

- **Pensaba:** thought
- **Te gustaría:** would you like
- **Visitarme:** visit me
- **Me encantaría:** I'd love to
- **Donde estás viviendo:** where are you living
- **Ahora:** now
- **Dirección:** address
- **Realmente:** really
- **Calle:** street
- **Significa:** means
- **Vecinas:** neighbors
- **Colgar:** hang up
- **Cocinando:** cooking
- **Llamo:** call
- **Luego:** later
- **Alegre:** happy
- **Guarda:** keep
- **Celular:** cellphone

- **Tantos años:** so many years
- **Desde:** since
- **Encuentra:** meet
- **Resulta:** turns out
- **Sólo:** only
- **Caminando:** walking
- **Bicicleta:** bicycle
- **Minutos:** minutes
- **Incluso menos:** even less
- **Antes:** before
- **Seguir:** continue
- **Anotar:** write down
- **Numero:** number
- **Olvidarse:** forget
- **De inmediato:** immediately
- **Largo:** long
- **De todas maneras:** anyway
- **Ve por la ventana:** look through the window

- **A punto de llegar:** about to arrive
- **Paraderos de bus:** bus stops
- **En el camino:** on the way
- **Muchísimas:** too many
- **Personas:** people
- **Saliendo:** going out
- **Estudiar:** study
- **Trabajar:** work
- **A mitad del camino:** halfway through
- **Bastantes:** a lot
- **Con:** with
- **Por lo menos:** at least
- **Asientos:** seats
- **Eso significa:** that means
- **Capacidad:** capacity
- **Disponible:** available
- **Prepara:** gets ready
- **Levanta:** gets up

- **Cae:** falls
- **Monedas:** coins
- **Ruedan:** roll
- **Lugares:** places
- **Ayúdenme:** help me
- **Recoger:** pick up
- **Preocupadamente:** worryingly
- **Todas:** all
- **Amablemente:** kindly
- **Agradece:** thanks
- **Acá:** here
- **Aquí:** here
- **Traje:** bring
- **Poco a poco:** Little by little
- **Llegamos:** we have arrived
- **Baja:** get off
- **Da las gracias:** give thanks
- **Entrar:** go in

- **Comprar: buy**
- **Necesita: needs**
- **Encontrar: finds**
- **Si no: if not**
- **Tendré: have to**
- **Centro comercial: mall**
- **De aquí: from here**

Chapter 3: Past tense

El pequeño José está **sentado** en la **sala**. **A pesar** de que sólo tiene 8 años, José es un niño muy **curioso**. A él le encanta ver el **álbum de fotos** de sus **abuelos**. A él le gusta mucho ver las **fotos** ya que parecen **de otro mundo**. Las **ropas** que las **personas** usan en esas fotos le parecen a José muy **raras** y también muy **divertidas**. ¡Algunas fotos incluso están en **blanco y negro**!

José **llama** a su abuelo para que le pueda **explicar** cuando se **tomaron** esas fotos:

"¿Por qué las fotos están en blanco y negro?" – pregunta José **curiosamente**

"Es porque estas fotos son muy **antiguas**, José." – responde su abuelo.

José ve más fotos y continúa preguntando a su abuelo sobre ellas. José encuentra una foto en la que **aparece** su abuelo. A José le gusta mucho esa foto.

"¿Qué **estabas** haciendo aquí, abuelo?"

El abuelo de José **coge** la foto y la **acerca** a su rostro. Desafortunadamente, con el pasar de los años, el abuelo de José ha estado **perdiendo** la **vista**. El abuelo de José tiene 80 años y ahora necesita **lentes** para poder **ver** bien. Felizmente, no tiene ningún otro **problema** de **salud**. Después de ver la foto por unos **segundos**, el abuelo de José empieza a explicar lo que él hacía en esa foto.

"Era mi **primer** día de **escuela** cuando era un niño. Recuerdo que era un día muy **caluroso**. Por eso me ves con **pantalones cortos** y un **polo**. En esta foto estaba cogiendo mis **libros** de la escuela también"

"¿Dónde era tu **colegio**, abuelo?" – pregunta José

"Mi colegio se encontraba ubicado a sólo 15 minutos de aquí. Yo iba **caminando**. Después, compré una **bicicleta** y empecé a manejar mi **bicicleta** al colegio" – responde el abuelo

"¿Qué pasó con tu **bicicleta**? ¿La **regalaste**?" – pregunta José

"Usé mi bicicleta por varios años. Mi papá me **ayudaba** a **repararla**, él fue quien me **enseñó** a manejarla. Después de mucho tiempo, finalmente mi bicicleta se **malogró** y no pude **usarla** más."

"¿La **botaste**, abuelo?"

"Sí, José"

José **sigue** mirando las fotos. Después de voltear **algunas páginas**, él **para** a ver una foto que **llama** su **atención**. Es una foto **grande**. A pesar de ser una foto muy grande, solo aparecen dos personas. Una de esas personas es una **mujer**, es una mujer muy **alta** y **delgada**. Lleva puesto un **vestido** muy **largo** y de color **blanco**. Con mucha curiosidad, José pregunta una vez más a su abuelo.

"¿Quién es ella, abuelo?"

"Ella es tu **abuela**, José" – responde el abuelo

"¿Ese eres tú, abuelo?" – pregunta José una vez más

"Sí, así es. Esa foto la tomamos cuando tu abuela y yo nos **casamos** hace 42 años. Aún me **acuerdo** mucho de ese día. Yo **estaba** muy **nervioso** y tu abuela también lo estaba. La **boda** fue en el **jardín** de esta **casa**. Había muchos **invitados**. **Nuestros amigos** y **familiares** nos **trajeron** muchos **regalos**. Lo **disfrutamos** bastante.

"¿Es verdad que las personas **bailan** en una boda?" – pregunta José

"Es cierto"

"¿Y ustedes también bailaron?"- pregunta José

"¡Nosotros bailamos por **horas**! Las bodas son **ocasiones** muy **alegres** y **divertidas**. A tu abuela le **encantaba** bailar. Ella **escogió** las canciones para la boda." – responde el abuelo"

El abuelo de José encuentra una foto muy **peculiar**. El abuelo piensa que tal vez esa foto le gusta a José ya que alguien muy **familiar aparece** en esa foto. ¿Podrá José **darse cuenta** de quién se trata?

"Mira la siguiente foto. ¿Puedes **adivinar** quién es la persona que aparece en la foto?" – le dice el abuelo a José

José se queda mirando la foto **detenidamente**. La examina una y otra vez, pero tal parece que él no puede adivinar quién es, así que José ahora pregunta.

"¿Quién es ese niño?"

"Es tu papá. Tomé esta foto cuando tu papá tenía 10 años. Él se **parecía** mucho a ti"

El álbum de fotos que José tiene en sus manos es muy grande. Las fotos que ve lo dejan **maravillado**. Al abuelo de José le gusta recordar los viejos tiempos cuando él era **joven**. Es verdad que han pasado muchos años, pero el abuelo de José aún **mantiene** esa misma **energía** que tenía cuando era sólo un niño.

"Este fue el **primer** auto que compré. Lo compré cuando tenía 20 años" – añade el abuelo

José escucha con mucha atención a su abuelo. Se **sorprende** que su abuelo sepa tanto sobre bicicletas, autos, su papá. ¡A José le parece que el abuelo ha vivido desde **siempre**!

"En ese entonces, no teníamos internet. Si queríamos buscar **información**, teníamos que ir a la **biblioteca**. Tampoco teníamos **televisión** ni **cable**" – añade el abuelo.

"¿Y no se **aburrían**?" – pregunta José

"Para nada. Nos gustaba salir a **caminar** y **jugar** con nuestros **amigos**. Cuando **llegábamos** a casa, **leíamos** un **libro** o **escuchábamos** la **radio**" – responde el abuelo

Es increíble que el abuelo de José aún pueda **recordar** todas estas cosas. Es como si todos los recuerdos estuviesen **intactos** en su cabeza. Ahora, el abuelo empieza a **mostrarle** como se usaba la radio. El abuelo de José aún mantiene su **antigua radio** en la sala, así que no es **difícil** encontrarla. José ayuda a su abuelo a **limpiar** la antigua radio y la **conectan**. Es una radio muy grande, de color **marrón** y con tan sólo dos **botones**. Tiene una **antena** muy larga y José **no tiene idea** de porque una **radio** necesita **antena**. El abuelo le explica que es para **captar** la señal de radio.

Después de **conectarla**, intentan **encenderla**. **Lamentablemente**, la radio ya no **funciona**. La radio dejó de funcionar hace muchos años. Pero el abuelo pensó que esta vez sí iba a funcionar.

"Mejor **sigamos** viendo **más** fotos, abuelo" – dice José

"**¿De verdad** quieres seguir viendo las fotos, José? – pregunta el abuelo.

"Sí. **Es divertido** cuando tú me **cuentas tus historias**, abuelo"

El abuelo de José le cuenta más **historias** sobre lo que él hacía cuando era un niño. El abuelo le cuenta que antes, ellos tenían que viajar en barco en lugar de avión. A José eso le parece muy extraño. Él nunca ha viajado en avión. ¿Qué tan extraño es? Bueno, José le empieza a preguntar cómo eran los barcos cuando él era joven.

"¿Eran los barcos muy grandes, como en las **películas**?"

"No todos. Si ibas muy lejos e iban **bastantes personas**, entonces los barcos eran muy **grandes**. Pero si sólo ibas a pescar, entonces los barcos eran **pequeños**."

"¿Tú sabías **conducir** un barco?"

"No, José. Nunca aprendí a conducir un barco"

"¿Por qué no?"

"Porque es muy difícil"

"Pero, ¿sabes pescar?"

"Eso sí. Incluso le enseñé a tu papá a **pescar**"

"Mi papá también me enseño a pescar. Él me llevaba todos los domingos al lago para pescar"

El **abuelo** de José ahora le pregunta a su nieto como hace él las cosas. José es un **niño** muy **inteligente**. José corre a traer a su abuelo su reporte de notas y le hace ver que él ha aprobado todas las **materias**.

"Muy bien José. Me alegro por ti"

"Gracias, abuelo"

El **abuelo** de José va a la cocina y empieza a buscar las galletas que él había guardado ayer. Él las había comprado pensando en José. A José le gusta mucho las galletas de chocolate. Por eso, el abuelo compro bastantes galletas de chocolate para compartir con José. Lo que José no sabe es que al **abuelo** también le gustan mucho las galletas de chocolate.

El **abuelo** encuentra las galletas y empieza a poner algunas en un plato. También, él empieza a preparar leche. José ama las galletas con chocolate. El **abuelo** las lleva donde está José y ambos se ponen a comer.

"¿Dónde compraste estas galletas, **abuelo**?" – pregunta José

"Las compré en el **supermercado**. Tu mamá me ayudó a comprarlas"

"¿Ella te **ayudó** a comprarlas? ¿Cómo?"

"Ella me dio el **dinero** para comprarlas. Estas galletas están un poco caras"

"¿Cuánto cuestan estas **galletas**, abuelo?"

"No te lo puedo decir. Recuerdo que en mis tiempos, las **galletas** no estaban tan caras. Tu podías comprar galletas en todos lados y eran muy baratas"

"¿También había galletas de chocolate en tus tiempos, abuelo?"

"Déjame contarte sobre eso"

"Dime abuelo"

"En mis tiempos no habían muchas galletas de chocolate, pero si habían galletas de vainilla. Las galletas de chocolates, aunque pocas, eran baratas"

"¿Quién te compraba las galletas de **chocolate**, abuelo?"

"Me las compraba mi mamá. Luego yo empecé a **trabajar** y yo mismo empecé a comprármelas"

"¡Vaya, abuelo! Yo también quiero trabajar para comprarme galletas"

"No te preocupes, cuando crezcas vas a poder trabajar y comprar todas las galletas que quieras"

"Quiero crecer ya abuelo"

"No desesperes. Crecerás"

"¿En qué **trabajabas abuelo**?"

"Yo reparaba los techos de las **casas** y también los **baños** de las casas"

"¿Era difícil reparar los techos de las casas y los baños también?"

"Sí. Para reparar los **techos** de las casas, tienes que subir con una escalera al techo y ver cuál es el problema. Puedes tener una accidente si no tienes cuidado."

"¿Tú has tenido algún accidente mientras reparabas los techos, abuelo?"

"Sí, una vez me caí del techo de una casa. La casa era muy alta"

"¿Qué pasó después, abuelo?"

"Tuvieron que llevarme al **hospital**"

"¡Vaya! ¿Y dejaste de trabajar después de tu **accidente**?"

"No, después que salir del hospital seguí trabajando reparando los techos de las casas"

"Pero abuelo, ¿no volviste a tener una **accidente**?"

"Nunca más volví a tener un accidente, José. En realidad, a mí me gustaba reparar los techos de las casas. Era más fácil que reparar los baños de las casas"

"¿Tú fuiste quien reparó el baño de nuestra **casa**, **abuelo**?"

"No. Tu papá fue quien reparó el baño de la casa. Yo le enseñé a reparar el baño de la casa hace mucho tiempo"

"¿Por qué mi papá se demoró mucho tiempo en reparar el **baño**?"

"Porque no quería obedecerme. Él no quería seguir mis **instrucciones**."

"¿Me puedes enseñar a mí a reparar el **baño**, abuelo?"

"Claro. Verás que es muy fácil reparar el **baño**, José. Sólo tienes que usar guantes y traer todas las **herramientas** que vamos a usar."

"Yo sé dónde mi papá guarda todas sus **herramientas**. Si quieres podemos ir a verlas. ¿Quieres que te muestre, abuelo?"

"Claro. Vamos a verlas"

Resumen de la historia

José es un niño muy curioso que un día encuentra el álbum de fotos de sus abuelos. Asombrado por las fotos que ve en el álbum, José llama a su abuelo para que le ayude a entender lo que está pasando en las fotos. El abuelo de José le cuenta la historia detrás de algunas fotos y le muestra como encender una radio antigua. Después de ver que la radio no funciona, José y su abuelo continúan viendo más fotos del álbum. Al final, José y su abuelo continúan hablando sobre cómo era la vida en el tiempo del abuelo y como él enseño muchas cosas al papá de José

Summary of the story

José is a very curious kid that one day finds his grandparents' photo album. Amazed at the pictures he sees in the album, José calls his grandfather to help him understand what's going on in the pictures. José's grandfather tells him the stories behind some pictures and shows him how to turn on an old radio. After realizing that the radio doesn't work, José and his grandfather continue seeing more pictures from the album. In the end, José and his grandfather continue talking about how life was in the days of his granddad and how he taught José's dad many things.

- **Sentado: seated**
- **Sala: living room**
- **A pesar: even though**
- **Curioso: curious**
- **Álbum de fotos: photo album**
- **Abuelos: grandparents**
- **Fotos: pictures**
- **De otro mundo: from another world**
- **Ropas: clothes**
- **Personas: people**
- **Raras: rare**
- **Divertidas: funny**
- **Blanco y negro: black and white**
- **Llama: call**
- **Explicar: explain**
- **Tomaron: took**

- **Curiosamente:** curiously
- **Antiguas:** old
- **Aparece:** appear
- **Estabas:** were
- **Coge:** took
- **Acerca:** approach
- **Perdiendo:** losing
- **Vista:** sight
- **Lentes:** glasses
- **Ver:** see
- **Problema:** problem
- **Salud:** health
- **Segundos:** seconds
- **Primer:** first
- **Escuela:** school
- **Caluroso:** warm
- **Pantalones cortos:** short pants
- **Polo:** T-shirt

- Colegio: school
- Caminando: walking
- Bicicleta: bicycle
- Regalaste: give
- Ayudaba: help
- Repararla: fix
- Enseñó: taught
- Malogró: broke down
- Usarla: use it
- Botaste: threw away
- Sigue: continue
- Algunas: some
- Páginas: pages
- Para: stop
- Atención: attention
- Grande: big
- Alta: tall
- Delegada: thin

- **Mujer: woman**
- **Vestido: dress**
- **Largo: long**
- **Abuela: grandmother**
- **Casamos: got married**
- **Acuerdo: remember**
- **Estaba: was**
- **Nervioso: nervous**
- **Boda: wedding**
- **Jardín: garden**
- **Casa: house**
- **Invitados: invited**
- **Nuestros: our**
- **Amigos: friends**
- **Familiares: relatives**
- **Trajeron: brought**
- **Regalos: gifts**
- **Disfrutamos: enjoyed**

- **Bailan:** dance
- **Horas:** hours
- **Ocasiones:** occasions
- **Alegres:** joyful
- **Encantaba:** loved
- **Escogió:** chose
- **Peculiar:** peculiar
- **Familiar:** familiar
- **Darse cuenta:** realize
- **Adivinar:** guess
- **Detenidamente:** attentively
- **Parecía:** looked like
- **Maravillado:** amazed
- **Joven:** young
- **Mantiene:** keep
- **Energía:** energy
- **Primer:** first
- **Sorprende:** surprise

- **Siempre: forever**
- **Información: information**
- **Biblioteca: library**
- **Televisión: TV**
- **Cable: cable**
- **Aburrían: got bored**
- **Caminar: walk**
- **Jugar: play**
- **Llegábamos: arrived**
- **Leíamos: read**
- **Libro: books**
- **Escuchábamos: listened to**
- **Radio: radio**
- **Intactos: intact**
- **Mostrarle: show it**
- **Antigua: old**
- **Radio: radio**
- **Difícil: difficult**

- **Limpiar:** clean
- **Conectan:** connect
- **Marrón:** brown
- **Botones:** buttons
- **Antena:** antena
- **No tiene idea:** doesn't have an idea
- **Captar:** catch
- **Conectarla:** plug it
- **Encenderla:** turn it on
- **Lamentablemente:** unfortunately
- **Funciona:** works
- **Sigamos:** continue
- **Más:** more
- **De verdad:** really
- **Cuentas:** tell
- **Tus:** your
- **Historias:** stories

Chapter 4: Members of the Family

Sara estaba **haciendo** la tarea que la **profesora** de **Ciencias Sociales** dejó a la clase. Sara es una niña muy **inteligente**. Ella siempre **presenta** sus tareas **a tiempo** y normalmente no tiene ningún **problema** en hacerlas. Pero en esta ocasión, a Sara le parece que la tarea que dejó la profesora de Ciencias Sociales es un **poco complicada**. El tema es **sencillo**: el **árbol genealógico**. Pero la tarea **requiere** que Sara **investigue** sobre su **familia**. ¿A quién puede pedir **ayuda** Sara?

Felizmente, la mamá de Sara entra a la **habitación** de su hija y le pregunta si todo va bien con la tarea.

"¿**Cómo te va con** la tarea, hija? ¿Ya la terminaste?" – pregunta la mamá de Sara

"Bueno, **tengo** una tarea que no **puedo** hacer" - responde Sara

"¿Y cuál es esa tarea?"

Sara **saca** su **cuaderno** y le **muestra** a su mamá lo que la profesora le dejó. Su mamá sabe **exactamente** como **ayudar** a su hija. Primero le dice que vaya a coger una **hoja de papel** y un **lápiz**. Después de encontrar donde escribir, Sara le pregunta a su mamá como hacer un árbol genealógico.

"Bueno, hacer un árbol genealógico es sencillo. Déjame **explicarte**. Lo primero que tienes que hacer es **dibujar** el **tronco**. En el tronco, tienes que escribir el **nombre** de uno de **nuestros antepasados**."

Esa es una nueva **palabra** para Sara. Ella jamás había **escuchado** la palabra "antepasado". Curiosa como siempre, Sara le pregunta a su mamá.

"¿Qué significa antepasado?" – pregunta Sara

"Es una persona de la cual nosotros **descendemos**. Es decir, una persona que vivió mucho antes que nosotros y que es **parte** de nuestra familia" - responde la mamá de Sara.

Sara se pone a pensar.

"¿Qué nombre puedo **poner aquí**, entonces?"

"Puedes poner el nombre del abuelo"- responde su mamá

El abuelo de Sara es la persona con más **edad** que Sara conoce. Él tiene 87 años. A Sara eso le parece bastantes años. Sara se acuerda muy bien del nombre de su abuelo. Su abuelo se llama Raúl.

"Después de poner el nombre del abuelo, tienes que poner el nombre de tu **abuela**. Esos son los nombres de los abuelos de parte de tu papá. Mis padres son tus abuelos." – añade la mamá de Sara.

"Entonces ya tengo cuatro nombres"

"Ahora **dibuja** las **ramas** del árbol. En estas ramas tienes que escribir mi nombre y también el nombre de tu papá. Recuerda que tu papá no es **hijo único**, él tiene **hermanos**. ¿Te acuerdas cuántos **hermanos** tiene tu papá?" – le dice la mamá a Sara.

"Sí. Mi papá me dijo que él tiene 2 **hermanos** más. Él también me dijo que él es el **hermano mayor**"

"¿Te acuerdas de los nombres de los hermanos de tu papá?" – pregunta la mamá de Sara

"Sí. Juan y Fabricio." – responde Sara

"Ellos son tus **tíos**. Tienes que escribir sus nombres en las ramas que salen de los nombres de tus abuelos. Escribe sus nombres **cerca** del nombre de tu papá"

Sara **obedece** a su mamá y escribe los nombres de sus abuelos y sus tíos, pero el árbol aún no está **completo**.

"Ahora tienes que escribir mi nombre en otra rama."

"Ya lo hice, mamá" – le dice Sara.

Sara recuerda también que su mamá no tiene **hermanos** ni **hermanas**, así que no necesita dibujar otras ramas que salgan de los nombres de sus abuelos. ¿Qué es lo que tiene que hacer ahora Sara?

Su mamá le dice: "Ahora tienes que poner el nombre de todos tus **primos**"

¿El nombre de todos sus primos? Sara tiene bastantes primos. Son **muchísimos**. Ella sabe que su tío Juan tiene 3 **hijos** y 2 **hijas**. Entonces ahí van 5 primos de parte del tío Juan. El tío Fabricio sólo tiene 2 **hijas**.

Sara se acuerda muy bien del nombre de sus primas ya que ellas vienen a jugar con Sara durante las **vacaciones de verano**. Pero ella no se acuerda del nombre de sus primos.

"¿Cómo se llaman los hijos de mi tío Juan, mamá?" – pregunta Sara

"Ellos se llaman Luis, Ricardo y Emilio. Emilio es **el mayor** de todos." – responde su mamá

Sara se pone a **escribir** los nombres de sus primos. ¿**Faltará** algo que poner en el árbol genealógico? Bueno, aunque Sara es todavía una niña, ella ya es **tía**. Su primo Emilio está **casado** y tiene 1 hijo. Por lo tanto, Sara dibuja una rama que sale del nombre de Emilio y escribe el nombre de su **sobrino**.

"Ahora tienes que poner tu nombre debajo del nombre de tu papá y yo" – le dice su mamá

"Ahorita lo pongo"

"¿Quién más falta en la familia?" – pregunta la mamá de Sara

"¡Mi **hermano**!" – dice Sara.

Sara tiene un **hermano mayor** de 17 años. Él también estudia en la misma escuela que Sara. Sara escribe el nombre de su hermano y el **suyo** para así acabar la tarea.

"Ahora tienes que **pintarlo** con muchos **colores**"

La mamá de Sara le compró a su hija muchísimos **lápices de colores nuevos** hace sólo una **semana**. Ya llegó la hora de usarlos.

"¿De qué **color** vas a **pintar** el **árbol**? – pregunta la mamá

"Pintaré el tronco de marrón y las ramas también. Las hojas las **pintaré** de verde. También quiero **dibujar** el **cielo** y algunas **nubes**. Y unos **pajaritos** con sus **nidos** en el árbol." – responde Sara.

"Muy bien, te dejo haciendo tu tarea. Tengo que volver a la sala. Cuando termines de hacer toda tu tarea, me avisas." – añade su mamá

La mamá de Sara se va contenta de la habitación de su hija después de haberla ayudado con su tarea. Sara le agradece a su mamá y le dice que no **cierre** la **puerta**. A Sara le gusta **pintar**, así que tal parece ella va a **disfrutar** pintar su árbol genealógico.

Resumen de la historia

La profesora de Sara ha dejado a la clase la tarea de dibujar un árbol genealógico. Para ello, Sara pide la ayuda de su mamá. Su mamá le ayuda haciéndole recordar de todos sus familiares incluyendo sus tíos, primos e incluso hermano. Sara agradece la ayuda de su mamá y se pone a pintar el árbol genealógico con los lápices de colores que su mamá la había regalado

Summary of the story

Sara's teacher has left an assignment that consists of drawing a family tree. To that end, Sara asks her mother help. Her mom helps her reminding her of all the relatives including hers uncles, cousins and even brother. Sara thanks her mom's help and begins painting the family tree with the color pencils her mom had given her.

- **Haciendo: doing**
- **Profesora: teacher**
- **Ciencias Sociales: Social studies**
- **Inteligente: smart**

- **Presenta: presents**
- **A tiempo: on time**
- **Problema: problem**
- **Poco: a little**
- **Complicada: compicated**
- **Sencillo: easy**
- **Árbol genealógico: family tree**
- **Requiere: requires**
- **Investigue: investigate**
- **Familia: family**
- **Ayuda: help**
- **Habitación: bedroom**
- **Como te va con: how's it going with**
- **Tengo: have**
- **Puedo: can**
- **Saca: take out**
- **Cuaderno: notebook**
- **Muestra: show**

- **Exactamente:** exactly
- **Ayudar:** help
- **Hoja de papel:** paper sheet
- **Lápiz:** pencil
- **Explicarte:** explain to you
- **Dibujar:** draw
- **Tronco:** trunk
- **Nuestros:** our
- **Antepasados:** ancestors
- **Palabra:** word
- **Escuchado:** heard
- **Descendemos:** we descend
- **Parte:** part
- **Poner:** put
- **Aquí:** here
- **Edad:** age
- **Abuela:** grandmother
- **Ramas:** branches

- Hijo único: only child
- Hermanos: siblings
- Hermano mayor: older brother
- Cerca: near
- Obedece: obeys
- Completo: complete
- Hermanos: brothers
- Hermanas: sisters
- Muchísimos: too many
- Hijos: sons
- Hijas: daughters
- Vacaciones de verano: summer vacation
- El mayor: the eldest
- Escribir: write
- Faltará: missing
- Tía: aunt
- Casado: Married
- Sobrino: nephew

- **Suyo: hers**
- **Pintarlo: paint it**
- **Colores: colors**
- **Lápices de colores: color pencils**
- **Nuevos: new**
- **Semana: week**
- **Color: color**
- **Pintar: paint**
- **Árbol: tree**
- **Pintaré: will paint**
- **Cielo: sky**
- **Nubes: clouds**
- **Pajaritos: birds**
- **Nidos: nests**
- **Cierre: close**
- **Puerta: door**
- **Pintar: paint**
- **Disfrutar: enjoy**

Chapter 5: School Vocabulary

Diego y sus **compañeros de clase** están **conversando** en el **aula** mientras esperan que la profesora **venga**. En esta ocasión, la profesora se está **demorando** más de lo normal. Diego tiene 13 años y es un **nuevo estudiante**. Sus padres se acaban de **mudar** a esta ciudad y Diego aún no ha hecho muchos **amigos** en esta nueva escuela.

A Diego le gusta mucho su nueva escuela. Es **grande** y **espaciosa**. Tiene bastantes aulas. Parece nueva. Los **profesores** son muy **amables** y los compañeros lo tratan bien. Lo mejor de todo es que esta escuela está cerca de la casa de Diego. La anterior escuela a la que Diego **asistía** estaba muy **lejos** de su casa. A veces, le **tomaba** a Diego **media hora** en **llegar** a la escuela. Ahora, él puede venir a la escuela **incluso** en **bicicleta**.

Ser un nuevo estudiante puede ser muy **estresante**. Tus compañeros no te **conocen** y no conoces a tus profesores ni las **materias** que vas a tener. La materia que Diego debería tener ahora es **matemáticas**. Pero la profesora aún no llega.

"¿De dónde vienes, Diego?" – le pregunta uno de sus compañeros

"Vengo de Málaga" – responde Diego

"¿Cuándo te mudaste a esta ciudad?"

"Hace sólo dos **semanas**"

Diego sabe muy bien que la materia de matemáticas es muy importante. Por eso, él siempre hace su tarea a tiempo.

"¿Hiciste la **tarea** de matemáticas?" – pregunta el compañero a Diego

"Sí. Estaba **sencilla**. ¿Tú la hiciste?" – responde Diego

"Sí la hice. Pero al principio no entendía la tarea. Tuve que pedir ayuda a mi papá. Él también me ayudó a **estudiar** para el **examen** de hoy" – añade el compañero

"¿Qué? ¿**Había** un examen hoy día?" – exclama Diego

"Claro que sí. ¿No te **acuerdas**?"

Diego **nunca** deja de hacer su tarea. En esta ocasión, Diego hizo su tarea pero se olvidó de estudiar para el examen de matemáticas. ¿Qué hará Diego ahora?

¿Podrá estudiar todo en los pocos minutos que quedan para el examen?

"No te **preocupes**, puedes **copiar** de mi examen" – escucha Diego decir a su compañero

¿**Copiar**? A Diego nunca le ha agradado la idea de copiar de sus compañeros. Sus padres siempre le han enseñado a ser **honesto**. Por eso, **a pesar** de que Diego no ha estudiado para el examen de matemáticas, él no copiará.

"No quiero copiar. No me **gusta** copiar en el examen. Pero al menos sé que si la profesora no viene, no tomaremos el examen." – dice Diego

"Eso no es cierto"

"¿A qué te refieres?"

"Si la profesora no viene, entonces una **profesora sustituta** vendrá a la clase y tomará el examen." – dice el compañero a Diego

"¿En serio? ¡Vaya! **Intentaré** estudiar lo más que pueda ahora mismo."

La profesora sustituta entra al salón unos minutos después. Ella **explica** a la clase que la profesora de matemáticas no pudo venir y que ella va a **reemplazarla** hoy día. Después de tomar la **asistencia** a todos los alumnos, ella pasa a **recoger** las tareas. Luego, empieza a **escribir** en la **pizarra**. El tema de hoy día es **fracciones**, un tema que Diego conoce muy bien.

Diego y sus compañeros escriben en el cuaderno lo que la profesora explica y después sacan los libros de matemáticas de sus **mochilas**. La profesora escribe algunos **ejercicios** en la pizarra y saca al frente a varios estudiantes para que **resuelvan** los **problemas**. Diego saca una **nota aprobatoria**. Él nunca **desaprueba** matemáticas.

Llegó la hora del examen. La hora pasa **volando**. Los alumnos entregan los exámenes a la profesora y uno por uno se van **retirando** de la clase. **Suena** el **timbre** y llega la hora del **receso**.

En el **receso**, Diego y sus compañeros **empiezan** a **conversar** sobre el examen y sobre otras cosas:

"¿Qué te pareció el examen, Diego?" – pregunta un compañero

"No estudié así que me pareció un poco **difícil**" – dice Diego

Después de conversar sobre el examen. Empiezan a hablar sobre las materias que más les gusta.

"A mí me gusta **Literatura**, es muy fácil. Sólo te mandan a **leer** y ya"

"A mí me gusta **Química** porque puedes ir al laboratorio a ver experimentos"

"Durante mis **vacaciones de verano**, estuve leyendo varios **libros de historia**, así que la materia que me gusta más es **Historia**"

Diego y sus compañeros **escuchan** el timbre nuevamente. Esta vez suena para avisar que el receso se ha acabado. ¿Qué clase tienen ahora Diego y sus demás compañeros?

"Tenemos **Gimnasia**"

"¿Dónde está el **gimnasio**?" – pregunta Diego

"Está cerca del **laboratorio**, al frente del **club de Francés**" – responde su compañero

"¿Tú estás en el equipo de **baloncesto**, verdad?" – pregunta Diego

"Sí, soy parte del equipo de **baloncesto** y también parte del club de **Francés**. Son **actividades**

extracurriculares." – responde el compañero de Diego.

"¿Actividades extracurriculares?"

"Sí. Son actividades en las que te puedes inscribir para que seas partes de clubes o **equipos deportivos**. Todas las actividades extracurriculares son después de clases."

No había actividades extracurriculares en la anterior escuela de Diego. Pero ahora él tiene la oportunidad de ser parte de cualquier club o equipo que él quiera. ¿Cuál podría escoger? Hay muchos clubs y a Diego le gustan bastantes cosas.

Su mamá le ha estado **enseñando** a **cocinar** así que él puede entrar al **club de cocina.** Diego sabe que cocinar puede ser muy **divertido**. Pero a Diego también le gusta el **ajedrez**. ¿Habrá un club de ajedrez en su nueva escuela? Para saberlo, Diego tiene que preguntar a los profesores **encargados** de los clubes o al **coordinador de actividades extracurriculares**.

Después de clases, Diego espera fuera de la **oficina** del **coordinador encargado** de las actividades extracurriculares.

"¿Cuáles son las actividades extracurriculares **disponibles**?" – pregunta Diego al coordinador

"La escuela tiene muchas actividades extracurriculares disponibles para todos los estudiantes. Si te **interesa** el deporte, entonces puedes unirte al club de **atletismo**. El club de atletismo entrena todos los **lunes**, **miércoles** y **viernes después de clases**. El club de **fútbol** entrena los **martes** y los **jueves**. El club de **baloncesto** entrena los **lunes** y los **viernes**." – le responde el coordinador

"¿Son esos todas las actividades?"

"Claro que no, mira, tengo una **lista** aquí que quisiera darte para que de esa manera escojas la actividad extracurricular que tú quieras. **Llévate** la lista a casa y **mañana** me dices lo que has **escogido**. ¿**Vale**?"

"Suena bien. Muchas gracias, coordinador"

La lista es **increíblemente** larga. Escritos en la lista están los nombres de los varios clubes que la escuela tiene. El club de cocina, de ajedrez, de natación, de francés, de decatlón, de matemáticas, de fotografía, de **radio estudiantil** y muchos más.

Para saber que escoger, Diego decide preguntar a su mamá. Ella le ayudará a escoger a que club unirse. Por el momento, Diego tiene que subir al **bus escolar** para regresar a casa. No será un viaje tan largo, pero Diego no puede esperar.

Resumen de la historia

Diego se ha mudado con su familia desde Málaga a una nueva ciudad, lo que significa que Diego es un nuevo estudiante en su escuela. Él se olvida de estudiar para el examen de matemáticas, pero no se preocupa. Después de las clases, Diego escucha que hay actividades extracurriculares disponibles para todos los alumnos en su nueva escuela. Diego decide hablar con el coordinador de actividades extracurriculares y éste le da la lista de actividades disponibles. Finalmente, Diego se lleva la lista a su casa para que su mamá lo ayude a decidir.

Summary of the story

Diego and his family have moved from Malaga to a new city, which means that Diego is a new student in his school. He forgets to study for his math exam, but he doesn't worry. After classes, Diego hears that there are extracurricular activities available to all students. Diego decides to talk with the coordinator of extracurricular activities and he gives Diego the list of available activities. Finally, Diego takes the list home so that his mom can help him decide

- **Compañeros de clase: classmates**
- **Conversando: talking**
- **Aula: classroom**
- **Venga: comes**
- **Demorando: delaying**
- **Nuevo: new**
- **Estudiante: student**
- **Mudar: move**
- **Amigos: friends**

- **Grande:** big
- **Espaciosa:** spacious
- **Profesores:** teachers
- **Amables:** kind
- **Asistía:** attended
- **Lejos:** far
- **Tomaba:** took
- **Media hora:** half an hour
- **Llegar:** arrive
- **Incluso:** even
- **Bicicleta:** bicycle
- **Estresante:** stressing
- **Materias:** subjects
- **Matemáticas:** math
- **Semanas:** weeks
- **Tarea:** assignment
- **Sencilla:** easy
- **Estudiar:** study

- **Examen:** exam/test
- **Había:** there was
- **Acuerdas:** remember
- **Nunca:** never
- **Preocupes:** worry
- **Copiar:** cheat
- **Honesto:** honest
- **A pesar:** even though
- **Gusta:** likes
- **Profesora sustituta:** substitute teacher
- **Intentaré:** will try
- **Explica:** explain
- **Reemplazarla:** replace
- **Asistencia:** attendance
- **Recoger:** pick up
- **Escribir:** write
- **Pizarra:** blackboard
- **Fracciones:** fractions

- **Mochilas: backpacks**
- **Ejercicios: problems (Of math)**
- **Resuelvan: solve**
- **Problemas: problems**
- **Nota aprobatoria: passing grade**
- **Desaprueba: fail**
- **Volando: flying**
- **Retirando: going out**
- **Suena: sounds**
- **Timbre: bell**
- **Receso: lunch**
- **Empiezan: start**
- **Conversar: talk**
- **Difícil: hard**
- **Literatura: literature**
- **Leer: read**
- **Química: chemistry**
- **Gimnasia: gymnastics**

- **Gimnasio: gyn**
- **Laboratorio: lab**
- **Club de francés: French club**
- **Baloncesto: basketball**
- **Actividades extracurriculares: extracurricular activities**
- **Equipos deportivos: sport team**
- **Enseñando: teaching**
- **Cocinar: cook**
- **Club de cocina: cooking club**
- **Divertido: fun**
- **Ajedrez: chess**
- **Encargado: in charge**
- **Coordinador de actividades extracurriculares: extracurricular activities coordinator**
- **Oficina: office**
- **Coordinador: coordinator**
- **Disponibles: available**

- **Interesa: interest**
- **Atletismo: athletics**
- **Lunes: Monday**
- **Miércoles: Wednesday**
- **Viernes: Friday**
- **Después de clases: after classes**
- **Futbol: soccer**
- **Martes: Tuesday**
- **Jueves: Thursday**
- **Lista: list**
- **Llévate: take it**
- **Mañana: tomorrow**
- **Escogido: chosen**
- **¿Vale?: Ok?**
- **Increíblemente: incredibly**
- **Radio estudiantil: student radio**
- **Bus escolar: school bus**

Chapter 6: Parts of the House

Pamela ha **invitado** a sus amigas a una **pijamada** esta noche. Sus padres le dieron el **permiso** para hacer la pijamada. La única **condición** es que todas tienen que **portarse** bien y no hacer mucho **ruido** después de la **media noche**. Pamela **aceptó** la condición e invito a 5 amigas. Todas ellas estudian en la misma escuela.

Pamela les dijo que **vinieran** a las 4 de la tarde. Les dijo **también** que no **cenaran** porque en su casa iban a invitar la cena a todas. ¿Qué **hicieron** de cena en la casa de Pamela? Hicieron **espagueti**. La mama de Pamela aún está **preparando** el espagueti y no estará **listo** hasta dentro de una hora.

Por mientras, Pamela les **dice** a sus amigas que suban a su **habitación**. **Suben** las **escaleras** y **después** entran a la **habitación** de Pamela. En la habitación de Pamela, una de sus amigas le **pregunta** dónde está el baño.

"¿**Puedo entrar** tu baño, Pamela?"

"**Claro**, **sígueme**. Te **mostraré** donde queda el baño" – responde Pamela

El baño está muy **cerca** de la habitación de Pamela. La **amiga** de Pamela se queda **sorprendida** por todo lo que ve dentro del baño.

"¿Qué son todas estas **cremas**?"

"Esta es una **botella** de **champú**. Mi papá la **usa** cuando se **baña**." – responde Pamela

"¿Y esto es una **pasta dental**? Es una **marca** que nunca he **visto**" – pregunta **sorprendida** la amiga de Pamela

"Mi mamá lo compró en un **supermercado lejos** de aquí" – le dice Pamela

La **bañera**, la **ducha**, los **grifos** y los **espejos**. Todos están muy **limpios**.

"Debe haberles tomado **muchísimo** tiempo haber **limpiado** todo el baño" – **exclama** la amiga de Pamela.

Después de haber **usado** el baño, Pamela y su amiga vuelven a la **habitación**; sus amigas están conversando y riéndose. Antes de que Pamela pueda preguntar algo, el **gato** de Pamela entra a la habitación **maullando**.

Todas las migas de Pamela se quedan **mirándolo** y quieren **acariciarlo**. El gato de Pamela se llama Tomás. Es un gato muy **gordo** y muy **peludo**. Las amigas de Pamela **corren** a acariciarlo.

"¡Qué **tierno** gatito!" – dicen las amigas de Pamela

Tomás **ve** que todas las amigas de Pamela quieren **agarrarlo** y **huye asustado**. Él sale de la habitación de Pamela y sube las **escaleras** hacia el **ático**. Pamela les dice que no suban, pero ellas no **escuchan** y suben al ático.

El ático es un lugar muy **oscuro** y las amigas de Pamela no pueden ver nada. Por eso, se **asustan** y salen del ático. Las amigas de Pamela se **disculpan** con ella y **caminan nuevamente** hacia su habitación.

Antes de que puedan entrar a la habitación de Pamela nuevamente, ellas **escuchan** una voz. La voz **proviene** del **primer piso**. Es la **voz** de la mamá de Pamela. La mamá de Pamela está **llamando** a todas las chicas para que vengan a la cocina.

"Pamela, quizás puedas **mostrar** la casa a tus amigas. La cena puede **tardar** un poco." – les dice la mamá de Pamela.

"Claro, mamá, no hay problema. Vengan, les **mostraré** la casa" – responde Pamela.

Pamela empieza **llevándolas afuera** de la casa.

"Este es el **jardín**. Aquí mi mamá y mi hermana **plantan** y **cuidan** de las plantas y los **árboles** que **crecen**. A mi mamá le gusta la **jardinería**, así que ella **siempre** está **trayendo** nuevas **flores**."

"Esas **flores** son muy **bonitas**" – dice una de las amigas de Pamela

"Esas flores son **jazmines**. Si siguen caminando, verán **margaritas** y **dientes de león**." – dice Pamela

"¿Y qué son estas **herramientas**, Pamela?"

"Son los **útiles de jardinería** de mi mamá. Los ha **dejado** acá porque **de seguro** va a seguir **trabajando**" – responde Pamela

"¡Los **árboles** son **enormes**!"

"Pasaron muchos años para que **finalmente crezcan** tan **altos** como lo son ahora" – señala Pamela.

Después de ver el jardín de la casa de Pamela, Pamela las lleva **adentro** de la casa. ¿Qué es lo **primero** que ven cuando ellas entran a la casa? Bueno, es la **sala**. En la sala de Pamela, ellas pueden ver que la familia de Pamela tiene muchos **muebles**. Los **sofás** parecen nuevos. Tal parece que a la familia de Pamela también le gusta mucho el **arte**, ya que hay varias **pinturas** y **retratos**.

Ellas también notan que el **televisor** que hay en la sala de Pamela es muy **antiguo**. Hay una **mesa pequeña** al **centro** de la sala. El **teléfono de casa** está en una **esquina** y la **alfombra** esta debajo de la mesa.

Las amigas de Pamela **aprovechan** el **momento** y se sientan en los **muebles**.

"Si **quieren**, podemos ver televisión más tarde." – les dice Pamela

"Yo quisiera ver televisión de **después** de la cena" – responde una de ellas

Pamela pasa a mostrarles la **cocina**. Su mamá aún sigue **preparando** la cena. Ellas ven que la cocina está llena de muchos **instrumentos**.

"¿**Alguna** de ustedes sabe **cocinar**?" – pregunta la mamá de Pamela

"Sí, yo **sé** cocinar" – responde una de las amigas de Pamela.

"Yo también sé cocinar" – responde otra

"¿Y qué les gusta cocinar?" – pregunta la mamá una vez más

"A mí me encanta preparar **postres**. Mi mamá me **ayuda** a hacerlos y nos **divertimos** mucho cuando los hacemos. Nuestro postre **favorito** es el **pastel de chocolate**."

Pamela les dice que es hora de **subir** las escaleras una vez más para ver las **demás** habitaciones en la casa. Ellas ya **conocen** el baño. Pamela les muestra la habitación de su **hermana mayor**.

La hermana mayor de Pamela se llama Elsa. Elsa está en su habitación **jugando videojuegos**. Antes de entrar a la habitación de Elsa, Pamela **toca** la puerta. Elsa **sale** de su habitación y les **permite entrar**.

Por unos minutos, Pamela y sus amigas **juegan videojuegos** en la habitación de Elsa. Luego, Pamela les dice para **continuar**.

"¿Qué hay **detrás** de esa puerta, Pamela? – **pregunta** una de las chicas

"Ese es la **habitación** de mis **padres**. No podemos entrar allí." – responde Pamela.

Cerca de la puerta de la habitación de sus padres, las amigas de Pamela ven que hay una pequeña **cama**.

"¿Quién **duerme** ahí?"

"Esa es la **cama** de Tomás"

"¿No tiene **frío** en la **noche**?"

"No creo. A veces Tomás entra a mi habitación y duerme en mi cama."

Pamela les quiere mostrar el ático pero sus amigas están un poco asustadas por la **oscuridad**. Pamela les dice que esta vez ella **encenderá** la luz para que ellas no tengan tanto **miedo**.

"Aquí en el ático **guardamos** todas las **herramientas** que mi papá usa. También hay una escalera y antiguos **artefactos** que ya no usamos."

Al final del ático hay una pequeña **ventana**. Desde esa ventana ese puede ver todas las casas de la cuadra. **Finalmente**, Pamela les dice que es hora de bajar y ver el **comedor**. Pamela y sus amigas bajan y encuentran el **comedor** muy **desordenado**.

"¿Podrían ayudarme a **limpiarlo**, por favor?" – pregunta la mamá de Pamela

"No hay problema. Le ayudaremos" – responden

Pamela y todas sus amigas limpian la mesa, ordenan las cosas que estaban sobre la mesa y traen los **cubiertos** y las **tazas**. La mamá de Pamela trae los **vasos** y también el **azúcar** y las **servilletas**.

"La cena ya va a estar listo dentro de poco chicas. Pueden **sentarse** en la mesa"

"Mamá, podemos ver televisión hasta que la cena esté lista" – pregunta Pamela.

"Está bien. Pero tienen que venir cuando les llame. ¿Vale?"

"Ok, mamá. Lo haremos." – le dice Pamela.

Las chicas van corriendo a la sala y **encienden** el televisor.

"¿Qué quieren ver?" – pregunta Pamela

"Hay un **programa** muy **divertido** en el canal 4."

"Sí, yo **también** quiero verlo"

"Pon ese programa, Pamela"

"Está bien. Lo haré" – les dice Pamela

Pamela enciende el televisor y **pone** el canal 4. El programa está **a punto** de **comenzar**. Es un programa de **comedia** muy **popular** donde Pamela vive. Después de 15 minutos, la mamá de Pamela las llama para cenar.

"¡La cena ya está lista! ¡Es hora de cenar!"

Resumen de la historia

Pamela ha invitado a 5 amigas de su escuela a su casa para una pijamada. Mientras ellas esperan a que la cena esté lista, la mamá de Pamela les dice que vayan a ver las partes de la casa. Empezando con el jardín, todas ellas se sorprenden al ver todas las cosas que Pamela, su mamá y su hermana hacen para mantener la casa muy bonita. Al final, la mamá de Pamela les pide ayuda para limpiar el comedor y después todas ellas van a cenar.

Summary of the story

Pamela has invited 5 friends to her house for a slumber party. While they're waiting for dinner to be ready, Pamela's mom tells them to go to see the parts of the house. Beginning with the garden, all of them are surprised at the things Pamela, her mother, and her sister do to keep the house very beautiful. In the end, Pamela's mom asks them for help in cleaning the dining room and then all of them have dinner.

- **Invitado: invited**
- **Pijamada: slumber party**
- **Permiso: permission**
- **Condición: condition**
- **Portarse: behave**
- **Ruido: noise**
- **Medianoche: midnight**
- **Aceptó: accepted**
- **Viniera: come**
- **También: also**
- **Hicieron: made**
- **Espagueti: spaghetti**
- **Preparando: making**
- **Listo: ready**

- **Por mientras:** in the meantime
- **Dice:** say
- **Habitación:** bedroom/room
- **Pregunta:** ask
- **Puedo:** can
- **Entrar:** enter/get in
- **Claro:** sure
- **Sígueme:** follow me
- **Mostraré:** show
- **Carca:** near
- **Amiga:** friend
- **Sorprendida:** surprised
- **Cremas:** creams
- **Botella:** bottle
- **Champú:** shampoo
- **Usa:** use
- **Baña:** bathes
- **Pasta dental:** toothpaste
- **Marca:** Brand
- **Visto:** seen
- **Supermercado:** supermarket
- **Lejos:** far
- **Bañera:** bath
- **Ducha:** shower
- **Grifos:** faucet/tap
- **Espejos:** mirrors

- **Limpios:** clean
- **Muchísimo:** too much
- **Limpiado:** cleaned
- **Exclama:** exclaim
- **Usado:** used
- **Gato:** cat
- **Maullando:** meowing
- **Mirándolo:** watching him
- **Acariciarlo:** pet him
- **Gordo:** fat
- **Peludo:** furry
- **Corren:** run
- **Tierno:** cute
- **Ve:** see
- **Agarrarlo:** grab him
- **Huye:** run away
- **Asustado:** scared
- **Escaleras:** stairs
- **Ático:** attic
- **Escuchan:** hear
- **Oscuro:** dark
- **Asustan:** be afraid
- **Disculpan:** say sorry
- **Proviene:** comes from
- **Primer piso:** first floor
- **Llamando:** calling

- Mostrar: show
- Tardar: delay
- Llevándolas: taking them
- Afuera: outside
- Plantan: plant
- Cuidan: take care of
- Jardín: garden
- Arboles: trees
- Crece: grow
- Jardinería: gardening
- Siempre: always
- Trayendo: bringing
- Flores: flowers
- Bonitas: beautiful
- Jazmines: jasmines
- Margaritas: daisies
- Dientes de león: dandelion
- Herramientas: tools
- Útiles de jardinería: gardening tools
- Dejado: left
- De seguro: surely
- Trabajando: working
- Árboles: trees
- Enormes: large
- Finalmente: finally
- Crezcan: grow

- **Altos:** tall
- **Adentro:** inside
- **Primero:** first
- **Sala:** living room
- **Muebles:** furniture
- **Sofás:** sofas
- **Arte:** art
- **Pinturas:** paintings
- **Retratos:** portraits
- **Televisor:** TV
- **Antiguo:** old
- **Mesa:** table
- **Pequeña:** small
- **Centro:** center
- **Teléfono de casa:** home phone
- **Esquina:** corner
- **Alfombra:** carpet
- **Aprovechan:** take advantage of
- **Momento:** moment
- **Quieren:** want
- **Después:** after
- **Cocina:** kitchen
- **Preparando:** making
- **Instrumentos:** tools
- **Alguna:** some
- **Cocinar:** cook

- Sé: know
- Postres: desserts
- Ayuda: help
- Divertimos: have fun
- Favorito: favorite
- Pastel: cake
- Chocolate: chocolate
- Subir: go up
- Demás: other
- Conocen: know
- Hermana mayor: older sister
- Jugando: playing
- Videojuegos: videogames
- Toca: knock
- Sale: go out
- Permite: allow
- Entrar: enter
- Continuar: continue
- Detrás: behind
- Pregunta: ask
- Padres: parents
- Cerca: near
- Cama: bed
- Duerme: sleep
- Frio: cold
- Guardamos: store

- **Herramientas: tools**
- **Artefactos: artifacts**
- **Ventana: window**
- **Finalmente: finally**
- **Comedor: dining room**
- **Desordenado: messy**
- **Límpialo: clean it**
- **Cubiertos: cutlery**
- **Tazas: cups**
- **Vasos: glasses**
- **Azúcar: sugar**
- **Servilletas: napkins**
- **Sentarse: sit down**
- **Encienden: turn on**
- **Programa: program**
- **Divertido: funny**
- **También: also**
- **Pone: put on**
- **A punto: about to**
- **Comenzar: begin**
- **Comedia: comedy**
- **Popular: popular**

Chapter 7: Food

Alicia **está en camino** al **mercado** con su **mejor amiga**, Laura. Ellas están **yendo** para **comprar** lo que **necesitan** para **hacer** el **almuerzo** de esta **tarde**. A Alicia le **gusta** ir al mercado con su **mamá** todos los **fines de semana**, así que ella **fines de semana dónde** y qué comprar. Ella sabe dónde **encontrar** las **mejores ofertas** y también **productos** de **calidad**.

Por otro lado, Laura no tiene la **costumbre** de ir al mercado. Ella sólo va de **vez en cuando**. Laura le **dice** a Alicia que **tal vez** ella no será de mucha ayuda al **momento** de hacer las compras, pero Alicia le dice que no se **preocupe**. Alicia está **contenta** de que Laura le **acompañe** al mercado.

Después de **tomar** el bus que les **deja** en el mercado, ambas chicas empiezan a **conversar** sobre lo que necesitan traer del mercado.

"Estaba **pensando** en hacer una **lasaña**" – dice Alicia

"¿Qué eso no es muy **difícil** de hacer?" – **pregunta** Laura

"Sí lo es. Pero no te preocupes, mi mamá y mi tía me **enseñaron** a hacer lasaña." – responde Alicia.

"La lasaña **viene** de Italia, ¿verdad? ¿Cómo piensas **conseguir** todos los **ingredientes**?" – dice Laura

"Mi tía me **mostró** algunos **lugares** donde puedo **encontrar** los ingredientes. Están un poco **caros**, pero **vale la pena comprarlos**."

"¿Por qué **simplemente** no usas ingredientes **más baratos**?"

"Porque no saldrá **igual**. Los ingredientes son lo más **importante** para hacer la lasaña. Mientras de mayor calidad sean los ingredientes, mejor saldrá la lasaña."

Laura y Alicia bajan del bus en el **paradero**. Se **dirigen** hacia el mercado y **empiezan** a hacer las compras.

"¿Qué **necesitamos** comprar **primero** para hacer la lasaña?" – pregunta Laura

"Necesitamos comprar el **queso** y el **tomate**" – responde Alicia

"¿Dónde compraremos los tomates y el queso? Yo no **conozco** muy bien el mercado"

"Yo conozco muy bien este mercado. **Ven**, te mostraré donde compro el queso y los tomates."

Caminan por unos 5 minutos. El mercado es **increíblemente grande**. En el mercado hay muchas **secciones**: la **sección de carnes, de frutas, de vegetales, de abarrotes, de ferretería, de comida marina, de juguetes, de golosinas** y más. Muchas personas e incluso **familias** enteras vienen a este mercado para hacer sus compras. Incluso **turistas** del **extranjero visitan** este mercado porque saben que aquí hay **buenos precios**.

Alicia y Laura **encuentran** la sección de frutas vegetales. En esta sección, los **vendedores venden** una gran **variedad** de frutas y también de vegetales frescas y a buen precio. Alicia le **da un vistazo** a todos los vegetales que se están vendiendo aquí. **Zanahoria, perejil, frijoles, alverjitas, brócoli, maíz, zapallo, camote** y muchos más. En esta ocasión, Alicia **solamente** ha venido a comprar queso y tomate.

Pero antes de comprar, Alicia mira la **lista de compras** nuevamente y se da cuenta que **en realidad** ella debe comprar más que solamente tomate y queso en la sección de vegetales. Ella también debe comprar perejil, **cebolla** y otros más.

"Buenos días. ¿Me podría dar **medio kilogramo** de cebolla, por favor?"

"Claro, no hay problema. Aquí tiene. Medio kilogramo de cebolla. ¿**Desea** algo más? – pregunta el vendedor

"Sí, también quisiera 250 **miligramos** de perejil, un **cuarto de kilo** de **ajo** y un **kilo** de tomate."

"Aquí tiene. ¿Algo más?"

"¿Vende **queso Parmesano**?"

"Sí, vendo queso Parmesano. ¿Cuánto desea?"

"Deme medio kilo, por favor"

Después de **conseguir** todo lo que necesitan en la sección de vegetales, Alicia y Laura se dirigen ahora a la sección de carnes. La sección de carnes es **más grande que** la sección de vegetales. En esta sección, varios **tipos** de carnes son vendidos. Aquí Alicia y Laura **encontraran carne de res, de pollo, de cabra, de conejo** e incluso encontrarán **carne de pescado**. Como el mercado está cerca de la **bahía**, es muy fácil **traer** pescado **fresco**.

"Laura, ¿podrías tú esta vez **preguntar** si venden carne de res?" – le dice Alicia a Laura.

"Claro. ¿Cuánto **quieres** que pida?"

"Pide 2 kilos de carne de res, por favor."

Una vez **comprada** la carne de res, ellas ahora se **dirigen** a la sección de abarrotes. En la sección de abarrotes las personas que vienen a este mercado podrán encontrar **sal, azúcar, jabones, champús, aceite, pimienta, arroz e incluso comida de mascotas**, entre muchas otras cosas más.

"Buenos días, señoritas. ¿En qué puedo ayudarlas?" – pregunta el vendedor de la tienda de abarrotes.

"Buenos días. Estamos **buscando** una **botella** de **aceite**."

"Tengo botellas de medio litro, un litro y 3 litros. ¿Cuál desea?"

"De un litro, por favor"

"Aquí tiene. ¿Algo mas en que pueda ayudarla?"

"Quisiera un **bolsa** de **sal** y también un kilo de azúcar"

"Esta es lo que pidió, señorita, tome."

"**Muchas gracias**"

"Gracias a usted"

Después de comprar en la sección de abarrotes, Laura le dice a Alicia para ir a la sección de golosinas. Alicia le pregunta:

"¿La sección de golosinas? ¿Por qué quieres ir a la sección de golosinas?"

"Se me ha **antojado** unos **caramelos** y unas **barras de chocolate**." – responde Laura

"¿Tienes **dinero** para comprar esas golosinas?" – pregunta Alicia

"Sí. ¿Vamos?"

"Ok, vamos"

Alicia y Laura van a la sección de golosinas y se quedan **asombradas** por toda la **variedad** de golosinas que encuentran en esa sección. Hay muchas golosinas con **diferentes** precios. Finalmente, Laura ve unos chocolates **riquísimos**.

"¿Cuánto cuestan estas barras de chocolate?"

"Cuestan 6 **dólares**"

"Deme dos, por favor"

Tal parece que Alicia y Lara **acabaron** de hacer todas las compras para hacer la lasaña. Antes de irse, dan un

último vistazo a la **lista de compras** para así saber si se han olvidado de algo o no. Después de ver que no les falta comprar nada más, ellas **salen** del supermercado y se van al **paradero de bus** que está **al frente del** mercado. Allí, las chicas esperan hasta que venga el bus.

El bus se demora un poco pero finalmente **llega**. **Ambas** jóvenes se suben y Laura le empieza a preguntar a Alicia como es que ella **aprendió** a preparar lasaña.

"Mi tía viene de Italia. Ella me **enseñó** a preparar cuando yo era una **niña**. Para que a lasaña te salga bien, tienes que **escoger** bien los ingredientes y también tienes que tener todas los **útiles de cocina** que vas a usar."

"¿Qué hay del **horno** y las **bandejas**?" – pregunta Laura

"Eso también. En mi casa yo tengo un **horno** lo suficientemente **grande** como para preparar bastantes **porciones** de lasaña." – responde Alicia

"¿Cuánto te demoras en preparar una lasaña?" – pregunta Laura

"A mí sólo me toma alrededor de 3 horas. Pero la carne tiene que cocinarse muy bien antes de **ponerla** en la lasaña"

"Quisiera ayudarte a hacer a lasaña, Alicia; pero no sé cómo hacerla."

"No te preocupes, tú puedes ver como hago la lasaña. Así aprenderás a hacerla también."

"Gracias"

Las chicas siguen **conversando** en el bus mientras este las lleva a casa. El viaje es un poco largo. Ambas se ponen a conversar de lo que está pasando en la escuela y de las tareas. También conversan sobre lo que ellas saben cocinar y lo que no saben hacer. La verdad es que aunque Laura no sabe hacer lasaña, ella si sabe hacer **postres**.

A Alicia siempre le han **fascinado** los postres. Por ello, ellas **hacen un acuerdo**. Hoy día, Alicia enseñará a Laura a hacer lasaña, y Laura luego enseñará a Alicia a hacer **deliciosos** postres.

"¿Es difícil hacer postres? – pregunta Alicia

"**Depende de** que postre quieres hacer. Por ejemplo, a mí me salen muy bien los cheesecakes y los **pies de**

manzana. Son muy fáciles de hacer" – responde Laura.

"Yo quisiera que me enseñes a hacer postres. ¿Cuándo estás **disponible** para que me enseñes?

"Puede ser la **siguiente semana**."

"Necesito traer ingredientes?"

"Primero tenemos que **pensar** en qué vamos a hacer. Si es un cheesecake, entonces no necesitarás traer ingredientes ya que yo tengo ingredientes que **sobraron** de la anterior ocasión que hice un cheesecake."

¿Y si quisiera hacer un pie?"

"Entonces sí **tendrías** que traer los ingredientes. También hay que pensar en donde lo vamos a hacer"

"¿No podemos hacerlo en tu casa?"

"Sí podemos hacerlo en mi casa. Pero tengo que pedir permiso a mis padres primero y no sé si a ellos les **gustará** la **idea**."

"¿Por qué no?"

"Porque la **anterior** ocasión que hice un postre, hice **demasiado desorden** y me **olvidé** de limpiar la cocina"

"¡O, vaya! No te preocupes, yo te puedo ayudar a limpiar"

"¡Gracias! Déjame preguntar a mis padres primero y cuando ellos me den permiso, yo te lo hago saber."

"Genial. Estaré **esperando**"

De esa manera el trato queda hecho. Amabas tienen sus propios **talentos** y saben muy bien cómo usarlos. Eso es lo bueno de tener buenas amigas, siempre se puede **contar** con ellas en todo momento.

Resumen de la historia

Alicia y Laura son dos muchachas que están yendo al mercado a comprar todos los ingredientes que necesitan para hacer una lasaña. Alicia sabe hacer la lasaña pero Laura no sabe nada; es más, ella casi nunca viene a este mercado, por ello, ella no sabe dónde comprar. Alicia le pide que ella la acompañé y después de comprar todos los ingredientes para la lasaña, ambas suben al bus que las llevará a casa. Al final, Alicia se enteré que Laura sabe hacer postres, por lo que ambas hacen un trato para que Laura enseñe a Alicia a hacer postres, tal como Alicia enseñará a hacer la lasaña a Laura.

Summary of the story

Alicia and Laura are two young girls that are going to the market to buy all the ingredients that they need to make a lasagna. Alicia knows how to make lasagna but Laura doesn't; what is more, she hardly ever goes to this market, that's why she doesn't know where to buy. Alicia asks her to go with her and after buying all the ingredients for the lasagna, both get on the bus that will take them home. In the end, Alicia gets to know that Laura knows how to make desserts, so both make a deal: Laura will teach Alicia how to make desserts just as Alicia will teach Laura to make lasagna.

- **Está en camino: on their way**
- **Mercado: market**
- **Mejor amiga: best friend**
- **Yendo: going**
- **Comprar: buying**
- **Necesitan: need**
- **Hacer: do**

- **Almuerzo: lunch**
- **Tarde: afternoon**
- **Gusta: like**
- **Mamá: mom**
- **Fines de semana: weekend**
- **Dónde: where**
- **Encontrar: find**
- **Mejores: best**
- **Ofertas: offers**
- **Productos: products**
- **Calidad: quality**
- **Costumbre: habit**
- **De vez en cuando: often**
- **Dice: say**
- **Tal vez : maybe**
- **Momento: moment**
- **Preocupe: worry**
- **Contenta: content**
- **Acompañe: accompany**
- **Tomar: take**
- **Deja: leave**
- **Conversar: talk**
- **Pensando: think**
- **Lasaña: lasagna**
- **Difícil: difficult**

- **Pregunta:** ask
- **Enseñaron:** taught
- **Viene:** come
- **Conseguir:** get
- **Ingredientes:** ingredients
- **Mostró:** show
- **Lugares:** places
- **Encontrar:** find
- **Caros:** expensive
- **Comprarlos:** buy them
- **Vale la pena:** worth it
- **Simplemente:** simply
- **Más baratos:** cheaper
- **Igual:** same
- **Importante:** important
- **Paradero:** stop
- **Dirigen:** headed for
- **Empiezan:** start
- **Necesitamos:** need
- **Queso:** cheese
- **Tomate:** tomato
- **Conozco:** know
- **Ven:** come
- **Caminan:** walk
- **Increíblemente:** incredibly

- **Grande:** big
- **Secciones:** sections
- **Sección de carnes:** meat section
- **Frutas:** fruits
- **Vegetales:** vegetables
- **Ferretería:** hardware store
- **Comida marina:** seafood
- **Juguetes:** toys
- **Golosinas:** candies
- **Familias:** families
- **Turistas:** tourists
- **Del Extranjero:** from abroad
- **Visitan:** visit
- **Buenos:** good
- **Precios:** prices
- **Vendedores :** sellers
- **Encuentran:** find
- **Venden:** sell
- **Variedad:** variety
- **Da un vistazo:** take a look at
- **Zanahoria:** carrot
- **Perejil:** parsley
- **Frijoles:** beans
- **Alverjitas:** peas
- **Brócoli:** bróccoli

- Maíz: corn
- Zapallo: pumpkin
- Camote: sweet potato
- Solamente: only
- Lista de compras: shopping list
- En realidad: in reality
- Cebolla: onion
- Medio kilogramo: half a kilogram
- Desea: wish
- Miligramos: miligrams
- Cuarto de kilo: quarter of kilogram
- Ajo: garlic
- Kilo: kilo
- Queso parmesano: parmesan cheese
- Conseguir: get
- Más grande que: bigger than
- Tipos: types
- Carne de pescado: fish meat
- Encontraran : find
- Carne de res: beef
- Pollo: chicken
- Cabra: goat
- Conejo: rabbit
- Bahía: bay
- Traer: bring

- **Fresco: fresh**
- **Preguntar: ask**
- **Quieres: want**
- **Comprada: sold**
- **Sal: salt**
- **Azúcar: sugar**
- **Jabones: soaps**
- **Champús: shampoos**
- **Aceite: oil**
- **Pimienta: pepper**
- **Arroz: rice**
- **Comida de mascotas: pet food**
- **Buscando: searching**
- **Botella: bottle**
- **Bolsa: bag**
- **Muchas gracias: thank you very much**
- **Antojado: craving**
- **Caramelos: candies**
- **Barras de chocolate: chocolate bars**
- **Dinero: money**
- **Asombradas: surprised**
- **Variedad: variety**
- **Diferentes: different**
- **Riquísimos: very delicious**
- **Dólares: dollars**

- **Tal parece:** it seems that
- **Acabaron:** finish
- **Último:** last
- **Vistazo:** look
- **Salen:** go out
- **Paradero de bus:** bus stop
- **Al frente del:** in front of
- **Llega:** arrives
- **Ambas:** both
- **Aprendió:** learnt
- **Enseñó:** taught
- **Niña:** kid
- **Escoger:** choose
- **Útiles de cocina:** cooking tools
- **Horno:** oven
- **Bandejas:** trays
- **Grande:** big
- **Porciones:** portions
- **Ponerla:** put it
- **Conversando:** talking
- **Postres:** desserts
- **Hacen un acuerdo:** make a deal
- **Deliciosos:** delicious
- **Depende de:** depends on
- **Pies de manzana:** Apple pies

- **Disponible: available**
- **Siguiente: next**
- **Semana: week**
- **Pensar: think**
- **Sobraron: left**
- **Tendrías: you would have**
- **Gustará: will like**
- **Idea: idea**
- **Anterior: last**
- **Demasiado: too much**
- **Desorden: mess**
- **Olvidé: forgot**
- **Esperando: waiting**
- **Talentos: talents**
- **Contar con: count on**

Chapter 8: Musical Instruments

Andrés es un **muchacho** de 17 años que **disfruta** mucho tocar la **guitarra**. Él es **parte** del club de **música** de su **escuela secundaria**. Andrés le **dedica** varias horas a **practicar** la guitarra. Él practica con el club todos días después de clases.

La guitarra que Andrés **toca** es una guitarra que su papá le **regaló** hace un **mes**. Andrés no sabe cuánto **costó** lo guitarra pero él **piensa** que la guitarra pudo haber costado bastante dinero. La guitarra es **nueva** y muy **bonita**.

Todos sus amigos le han estado **diciendo** que la guitarra que él tiene es una muy buena guitarra. Él ya **sabe** cómo tocarla. Andrés sabe cómo tocar las canciones más **populares**.

Hoy día es **miércoles**, lo que **significa** que Andrés **tendrá** que **quedarse** para la práctica. Después de su **última** clase del día, él se dirige al **salón de música**. Lo mejor de todo es que Andrés tiene muchos amigos en el club de música. Su **mejor amigo**, José, también está en el club de música, aunque él no toca la guitara **sino más bien** la **batería**.

Andrés sale tan rápido como puede de su clase y **corre hacia** el salón de música y lo **encuentra vacío**. Es **raro**. Hoy día **hay práctica**. ¿Dónde están todos?

Sin darse cuenta, Andrés escucha una voz. Es el **profesor** de música.

"¿Qué haces aquí **tan temprano**, Andrés?

"**Vengo** para la práctica"

"**Entiendo**. ¿Pero por qué **viniste** tan temprano?"

"¿Tan temprano? Si siempre hemos tenido practica a esta hora, profesor."

"Creo que no te has enterado que el día doy la práctica será **más tarde**"

"¿Más tarde? ¿A qué hora será la practica?"

"La práctica será en dos horas"

"¡Dos horas! ¿Qué voy a hacer **durante** esas dos horas?"

"Buenos, **puedes** ir **practicando** con tu guitarra o puedes **regresar luego**."

"Quisiera **quedarme** a practicar. Voy al **baño** y **regreso** para practicar"

"Vale"

Andrés sale del aula de música y va al baño. Él no entiende cómo es que no se **enteró** que la práctica de hoy día iba a **empezar** más tarde. Después de salir del baño, **saca** su celular de su **bolsillo** y **llama** a José para que le haga **compañía**

"¿Dónde estás, José?"

"Estoy en el **gimnasio**. ¿**Qué pasó**?"

"Estoy **afuera** del aula de música. No hay **nadie** en el salón **excepto** por mí y el profesor"

"¿Qué no **sabías** que la práctica iba a empezar tarde hoy día?"

"No lo sabía. ¿Quieres venir para **conversar** un **rato**?"

"Sí. Pero tengo que quedarme un rato más aquí en el gimnasio."

"¿Cuánto tiempo más vas a quedarte en el gimnasio?"

"Por lo menos **media hora más**"

"Vale. No hay problema, te puedo **esperar**. Me encontrarás dentro del aula de música."

"Vale"

Andrés **cuelga** la llamada y **entra** al salón de música. **Dentro**, se da con la **sorpresa** que el profesor no está sólo. Otra **compañera** también está dentro del salón con él. La compañera de Andrés también es parte del club de música y ella sabe tocar el **piano**.

Ella empieza a tocar una **canción de cuna** que Andrés **nunca antes** había **escuchado**. Lo raro de todo esto es que, **a pesar de que** ellos son parte del club de música, ellos nunca han conversado antes. Por eso, Andrés se **presenta**.

"Hola, me llamo Andrés"

"Hola, Andrés. **Me llamó** Lucía."

"¡Sabes tocar muy bien el piano!"

"¡Gracias! Tú también sabes tocar muy bien la guitarra"

"¿De veras piensas eso?"

"Sí. Te he visto tocar la guitarra **varias veces** y **creo** que debes practicar bastante para tocar así. Mi **hermano menor** también sabe tocar la guitarra pero él no toca tan bien como tú"

El profesor también quiere **unirse** a la conversación, pero **antes** de hacerlo, él empieza a tocar la **flauta** que está en su **mesa**. Después de tocar la flauta, el profesor **explica** que cuando él estaba en la secundaria, él también tocaba la guitarra.

"Cuando yo estaba **estudiando** en la secundaria, me **gustaba** mucho la música. Aprendí a tocar varios **instrumentos**, **grandes** y **pequeños**"

"¿Qué instrumentos sabe tocar usted, profesor?" – pregunta Lucia

"Bueno, Lucía, yo empecé **tocando** la **batería**."

"¿Cómo José?" – dice Andrés

"Así es. Yo tocaba la batería **todos los días**. **Recuerdo** que la **primera** batería que **toqué** era una batería que **pertenecía** a mi papá. Él era **baterista** de una **banda de rock**."

"¿De veras?" – pregunta Lucía

"Así es. Mi mamá era la **vocalista** de esa banda."

"Vaya, profesor. Veo que usted viene de una familia musical" – dice Andrés.

"Creo que sí"

"¿**Aprendió** a tocar más instrumentos, verdad?"

"Por supuesto. Después de aprender a tocar la batería, empecé a aprender a tocar la guitarra. No fue **fácil**. Tuve que practicar por varias horas, pero valió la pena. Después de dos años, ya sabía tocar la guitarra como un **profesional**. La **tuba** fue el siguiente instrumento que aprendí. Mi hermano tocaba la **trompeta** y yo a veces lo **acompañaba** a sus **prácticas**."

"Si su hermano sabía tocar la trompeta, ¿por qué **escogió** usted la tuba?"

"Porque quería **probar algo diferente**. La tuba era mucho más grande y **pesada** que la trompeta. Además, era la primera **vez** que tocaba un instrumento de viento. La **lira** fue mucho más sencilla."

"¿Aprendió a tocar **guitarra eléctrica**?"

"Un amigo de mi papá sabía tocar la guitarra eléctrica muy bien y él me regaló la suya cuando estaba aprendiendo a tocar. Para tocar una guitarra eléctrica, necesitas tener un **amplificador** y el amplificador que venía con la guitarra eléctrica que el amigo de mi papá me regaló estaba **malograda**. Tuve que **comprar** una nueva. En ese entonces yo no sabía que los amplificadores de guitarra eléctrica pueden costar muy caros"

"¿Aún recuerda como tocar la guitarra eléctrica?"

"Claro que sí"

"¿Podría enseñarme?"

"Primero tendría que ver si ya has aprendido a tocar la guitarra **acústica** los suficiente como para poder enseñare a tocar una eléctrica."

"Yo ya sé tocar la guitarra acústica profesor. Escuche"

Andrés se pone a tocar la guitarra acústica que **trajo** des su casa. El profesor le pide que toque una canción que es muy **difícil**. Andrés se pone un poco **nervioso** pero luego empieza a tocar la guitarra muy bien. No se **equivoca** para nada. El profesor lo mira **asombrado** y se da cuenta que Andrés sabe tocar muy bien la guitarra.

"Te salió muy bien, Andrés" – dice Lucía

"Gracias"

"Eso es cierto, Andrés. Te salió muy bien" – dice el profesor

"Entonces, ¿va a enseñarme como tocar la guitarra eléctrica?"

"Lo haré, pero no podrá ser hoy día. ¿Qué te parece el **viernes**?"

"Me parece bien"

"Profesor, ¿usted nunca **aprendió** a tocar el piano?"

"Sí sé cómo tocar el piano. Pero no **practico** tanto como antes. Tal vez me he estado **olvidando** un poco."

"¿Quisiera **escuchar** como toco, profesor?" – pregunta Lucía

"Claro, te escucho"

Lucía también está un poco nerviosa. Esta vez, el profesor no ha escogido ninguna canción para que ella toque. Lucía escoge la canción que ella quiere tocar. Es una **balada**. El profesor **reconoce** esa balada ya que es una balada un poco antigua.

Lucía sigue tocando el piano hasta que la canción **acaba**. El profesor y Andrés **aplauden**.

"Muy bien hecho, Lucía" – dice el profesor

"Sí, te salió muy bien" – dice Andrés

"Gracias. Estuve practicando." – responde Lucía

Lucía, al igual que Andrés, practica todos los días. En su caso, su mamá le enseñó a tocar el piano. Su mamá también es una muy buena **pianista**. Por eso, es sólo **natural** que Lucía quiera **pertenecer** al club de música.

"Lucía, tú has estado en este club de música por mucho tiempo." – hace notar el profesor

"Así es. Me gusta mucho ser parte del club de música. Es muy **divertido** y **aprendo** muchas cosas nuevas también."

"No sabía que habías estado en este club por bastante tiempo." – dice Andrés

Antes que Lucía pueda decir algo, José, el amigo de Andrés, **llega** al salón. Antes de entrar al aula, José toca la puerta y saluda.

"Hola. Buenas tardes a todos. ¿Puedo **pasar**?" – pregunta José

"Claro, pasa José" – responde el profesor

"Hola, Andrés. Hola Lucía. ¿Qué estaban haciendo?"

"Estábamos conversando sobre como el profesor sabe tocar muchos instrumentos musicales" - dice Andrés

"¡Qué genial! Sabía que el profesor sabía tocar la guitarra y la batería. ¿También sabe tocar más instrumentos?"

"La música es mi **pasión**, José." – le dice el profesor

"Tú sabes tocar la batería, ¿verdad?" – pregunta Lucía

"Sí."

"¿Sabes tocar la batería muy bien?"

"Yo creo que sí. ¿Quieres escuchar cómo toco?"

"Claro que sí"

"¿Dónde está la batería?"

José se **sienta** en la **silla cerca** de la **batería** y **coge** las **baquetas**. Antes de tocar la batería, José **limpia** las baquetas y se **acomoda**.

"Andres, ¿por qué mejor no tocamos los dos **juntos**?"

"Suena bien"

Ambos muchachos tocan sus instrumentos. **Parecen** una banda de rock cuando ellos dos tocan. Lucía también se une y les sigue con el piano. Después de la canción. El profesor aplaude.

"Esa fue una excelente **tocada**, muchachos."

"Gracias, profesor"

"Deberían formar una banda de rock"

"¿De verdad piensa eso usted?"

"Claro, pero no se olviden que tienen que seguir practicando más."

"Entendemos, profesor."

"Muy bien. Ya falta poco para que la clase comience. ¿Qué tal si ustedes siguen practicando mientras yo reparo los instrumentos **defectuosos**?"

"Ok, profesor"

Mientras el profesor va a limpiar y **repara** los instrumentos de la clase de música, Andrés, José y Lucía se ponen a conversar sobre la idea del profesor de formar una banda de rock. Ellos **acuerdan** juntarse **nuevamente** este fin de semana en la casa de José.

"Los **esperaré** a las 10 de la mañana. No se olviden."

Resumen de la historia

Andrés es un muchacho de 17 años que está en el club de música de su escuela secundaria. Hoy día, el club de música tiene práctica, pero Andrés se da con la sorpresa que no hay nadie presente cuando él llega al aula de música. El profesor explica a Andrés que la práctica será en 2 horas. Mientras ambos esperan a que comience la práctica, Lucía y José llegan para conversar y tocar sus instrumentos. Al final, el profesor sugiere que ellos tres se junten y formen una banda de rock.

Summary of the story

Andrés is a 17-year-old kid that is part of his high school music club. Today, the music club has a rehearsal, but Andrés is surprised that there's no one when he gets to the music room. The teacher explains to Andrés that the practice will take place in 2 hours. While they're both waiting, Lucía and José arrive to talk and play their instruments. In the end, the teacher suggests that the three get together and form a rock band.

- **Muchacho:** guy
- **Disfruta:** enjoys
- **Guitarra:** guitar
- **Parte:** part
- **Música:** music
- **Escuela secundaria:** high school
- **Dedica:** dedicate
- **Practicar:** rehearse
- **Regaló:** gave
- **Toca:** play
- **Mes:** month
- **Costó:** cost
- **Piensa:** thinks
- **Nueva:** new
- **Bonita:** beautiful
- **Todos:** everybody
- **Diciendo:** saying
- **Sabe:** knows
- **Populares:** popular
- **Hoy día:** today
- **Significa:** means
- **Tendrá:** will have to
- **Quedarse:** stay
- **Última:** last
- **Salón de música:** music room

- **Mejor amigo: best friend**
- **Batería: drums**
- **Sino más bien: rather**
- **Corre: runs**
- **Hacia: toward**
- **Encuentra: find**
- **Vacío: empty**
- **Raro: weird**
- **Hay: there is**
- **Práctica: rehearsal**
- **Profesor: teacher**
- **Tan: so**
- **Temprano: early**
- **Vengo: come**
- **Entiendo: understand**
- **Viniste: come**
- **Más tarde: later**
- **Durante: during**
- **Puedes: you can**
- **Practicando: rehearsing**
- **Regresar: come back**
- **Luego: later**
- **Quedarme: stay**
- **Baño: bathroom**
- **Regreso: come back**

- **Enteró:** got to know
- **Empezar:** begin
- **Saca:** take out
- **Bolsillo:** pocket
- **Llama:** call
- **Compañía:** company
- **Gimnasio:** gym
- **Qué pasó:** what happened
- **Afuera:** outside
- **Nadie:** nobody
- **Excepto:** except
- **Sabías:** did you know
- **Conversar:** talk
- **Rato:** a while
- **Media hora más:** half an hour
- **Esperar:** wait
- **Cuelga:** hang up
- **Entra:** enter
- **Dentro:** inside
- **Sorpresa:** surprise
- **Compañera:** classmate
- **Piano:** piano
- **Canción de cuna:** lullaby
- **Nunca:** never
- **Antes:** before

- Escuchado: listen
- A pesar de que: even though
- Presenta: show
- Me llamó: my name is
- Varias: many
- Veces: times
- Creo: I think that
- Hermano menor: younger brother
- Unirse: join
- Antes: before
- Flauta: flute
- Mesa: table
- Explica: explain
- Estudiando: studying
- Gustaba: liked
- Instrumentos: instruments
- Grandes: big
- Pequeños: little
- Tocando: playing
- Batería: drums
- Todos los días: everyday
- Recuerdo: remember
- Primera: first
- Toqué: played
- Pertenecía: belonged

- **Baterista: drummer**
- **Banda de rock: rock band**
- **Vocalista: vocalist**
- **Aprendió: learned**
- **Fácil: easy**
- **Profesional: proffesional**
- **Tuba: tuba**
- **Trompeta: trumpet**
- **Prácticas: rehearsals**
- **Acompañaba: accompanied**
- **Escogió: chose**
- **Probar: try**
- **Algo: something**
- **Diferente: different**
- **Pesada: heavy**
- **Vez: time**
- **Lira: lyre**
- **Guitarra eléctrica: electric guitar**
- **Amplificador: amplifier**
- **Malograda: broken down**
- **Comprar: buy**
- **Acústica: acoustic**
- **Trajo: brought**
- **Difícil: difficult**
- **Nervioso: nervous**

- **Equivoca: is wrong**
- **Asombrado: astonished**
- **Viernes: Friday**
- **Aprendió: learned**
- **Practico: rehearse**
- **Olvidando: forgetting**
- **Escuchar: listen**
- **Balada: ballad**
- **Reconoce: acknowledges**
- **Acaba: finish**
- **Aplauden: applaud**
- **Pianista: pianist**
- **Natural: natural**
- **Pertenecer: belong**
- **Divertido: fun**
- **Aprendo: learn**
- **Llega: arrive**
- **Pasar: come in**
- **Pasión: passion**
- **Sienta: sits**
- **Silla: chair**
- **Cerca: near**
- **Batería: drums**
- **Coge: takes**
- **Baquetas: drum sticks**

- **Limpia: cleans**
- **Acomoda: get comfortable**
- **Juntos: together**
- **Parecen: look like**
- **Tocada: play**
- **Defectuosos: broken down**
- **Repara: fix**
- **Acuerdan: agree**
- **Nuevamente: new**
- **Esperaré: wait**

Chapter 9: Sports Vocabulary

Rodrigo sale a jugar **futbol** todos los días **después** del **colegio**. Su **rutina** es casi siempre la **misma**: él **viene** del colegio, hace su **tarea**, y luego se va a jugar futbol. Salir a jugar futbol es muy **fácil** para él ya que él **vive** en **frente** de dos **campos** de futbol muy grandes.

Rodrigo siempre ha jugado futbol desde que es un **niño**. A él siempre le ha gustado jugar ese **deporte** con sus amigos. A veces, sus amigos lo **llaman** para salir a jugar. Sus padres **permiten** que él juegue siempre y cuando él **sea responsable** con sus tareas y no llegue tarde a clases.

Todos los **vecinos** lo conocen muy bien. Aunque Rodrigo no es un jugador profesional, él **sueña** en **convertirse** en uno cuando sea **grande**. Hoy día, Rodrigo se está **alistando** para jugar con unos amigos que no ve desde hace mucho tiempo.

Los amigos de Rodrigo se llaman Ángel y Piero. Piero parece tener un poco de dificultad a la hora de **patear** la **pelota**. Rodrigo está **contento** de ayudarle.

"Piero, tienes que **apuntar** al **arco**. Tienes que patear fuerte la pelota."

"Pero es muy difícil apuntar, Rodrigo."

"No te preocupes. Mira, patea como yo pateo"

"Ok, lo haré"

Piero patea tan fuerte como puede. Él **tiro** salió **fenomenal**. Fue un **gol**. Rodrigo y Ángel **celebran** y **grita**. Pero Piero se sienta en el suelo y empieza a **quejarse** de **dolor**.

"¿Qué pasa, Piero?"

"Me duele mucho el pie. Esa pelota si estaba **dura**"

"La pelota no es tan dura. ¿De verdad te duele bastante?"

"Sí"

"Espera, creo que ya sé cuál es el problema aquí."

"¿En serio?

"Sí. Tus **zapatillas**. Tus zapatillas son muy viejas. Están muy **desgastadas**. Tienes que usar zapatillas nuevas y que no estén tan desgastadas. Así no te dolerá tanto cuando patees la pelota."

"pero no tengo más zapatillas que estas"

"Yo te puedo **prestar** las **mías**. Tengo un par más de zapatillas que están en mi habitación. Espera acá mientras las traigo"

Rodrigo sale corriendo del campo de futbol para irse a buscar sus zapatillas. Felizmente, Rodrigo las encuentra. Su par de zapatillas extra estaban **debajo** de la cama. Cuando finalmente las encuentra, se da cuenta que las zapatillas están **sucias**.

Rodrigo las limpia rápidamente y se las lleva a Piero

"**Sácate** las zapatillas que tienes y **ponte** estas"

"¿me **quedarán**?"

"Yo creo que sí. Pruébatelas"

"Lo haré"

"¿Y qué tal?"

"Me quedan bien. Se siente diferente"

"¿Se siente mejor?"

"Se siente mucho mejor"

"Sigamos jugando ahora. Sigue pateando la pelota y yo iré al arco y taparé"

Piero patea la pelota varias veces y **anota** varios goles más. Los chicos continúan celebrando con él. Después de que Piero acabara de patear la pelota, le llega el **turno** a Ángel. Ángel sabe jugar tan bien como Rodrigo, por lo que Rodrigo tiene que **esforzarse** más al tapar cada vez que Ángel patea.

Así, el tiempo pasa volando y los tres muchachos juegan por 1 hora. Luego, Piero y Ángel preguntan a Rodrigo si él practica algún otro deporte.

"¿Qué otro deporte prácticas, Rodrigo? ¿Sólo juegas futbol o también sabes jugar otra cosa?"

"Futbol es lo que más me gusta. Yo lo juego todos los días. Pero también sé jugar **vóleibol**."

"¿Vóleibol? ¿Dónde juegas vóleibol?"

"Aquí en este campo deportivo"

"¿También se puede jugar vóleibol aquí en este campo?"

"Sí. Sólo tienes que traer los instrumentos y después de **ármalo**, juegas con tus amigos."

"¿Qué instrumentos tienes que traer para jugar vóleibol?"

"Tienes que traer tu **net**, tus **postes** y tu pelota de vóleibol"

"Genial. ¿Tú tienes una pelota de vóleibol?"

"Sí. Tengo 2, en realidad"

"Yo no sé jugar vóleibol para nada. Pero aparte del futbol, a mí me gusta jugar tenis."

"¿**Tenis**? ¿Dónde juegas tenis? ¡También vives cerca de un campo deportivo?"

"No. Para ir a jugar tenis, yo tengo que subir a un bus e ir hasta el centro de la ciudad"

"¡Vaya! ¿Cuánto tiempo te toma el viaje?"

"No mucho. Yo vivo cerca del centro de la ciudad así que sólo me toma alrededor de 15 minutos."

Piero se va a comprar una botella de agua mientras los chicos siguen conversando. En la **bodega**, la persona que está allí le pregunta qué tipo de bebida desea.

"¿No quisieras una bebida **energizante**?"

"No me gusta ese tipo de bebidas."

"¿Cuál deseas, entonces? ¿Una gaseosa?

"Vengo por una agua mineral"

"¿De qué tamaño?"

"¿Cuánto cuesta cada tamaño?"

"El tamaño pequeño cuesta 1 dólar, el mediano 2 dólares con 50 centavos y el grande cuesta 3 dólares con 50 centavos"

"Deme el **mediano**, por favor."

"Aquí tienes"

"Gracias"

Cuando Piero llega y se une a la conversación, escucha que los demás están conversando sobre los otros deportes que a ellos les gusta practicar. Piero está emocionado de decirles que él practica varios deportes.

"Yo practico **ciclismo**. Todos los fines de semana me voy con mi tío y mi hermano a manejar bicicleta. Nos vamos **lejos**."

"¿A qué hora salen de sus casas?"

"Salimos a las 9 de la mañana y regresamos a las 4 de la tarde"

"¡Vaya! Son varias horas"

"Sí. Es súper divertido porque puedes ver **paisajes** hermosos e ir a **lugares** que nunca has visto antes"

"Suena divertido. ¿Podría yo ir con ustedes?" – pregunta Ángel.

"¡Por supuesto! Puedes venir este **sábado** con nosotros. Partiremos a las 9 de la mañana"

"¿Qué debo traer?"

"Tienes que traer tu **bicicleta**, tu **casco**, tu **cadena** de seguridad, tus **luces**, y tu **teléfono** por si ocurre alguna emergencia. También trae tu **documento de identidad.**"

"Ok. Traeré todo eso este sábado"

"¿Qué hay de ti, Rodrigo? ¿No quisieras venir con nosotros este sábado a manejar bicicleta?"

"Me encantaría. Pero este sábado ya hice planes con unos amigos para ir a jugar futbol. La siguiente semana puedo ir a manejar con ustedes" – responde Rodrigo

"Vale. No te vayas a olvidar."

"No me olvidaré"

Los muchachos siguen conversando cuando de repente llegan bastantes personas adultas para jugar futbol en el campo deportivo. Las personas parecen muy rudas. Tal parece que ellos son jugadores profesionales. No es la primera vez que Rodrigo ve a jugadores profesionales de futbol en este campo de futbol, pero es la primera vez que los ve a ellos.

Las personas forman sus dos **equipos** pero se dan cuenta que necesitan unos cuantos más para estar **completos**. Por lo que llaman a los muchachos y los invitan a jugar. Los muchachos saben que a la mayoría de jugadores les gusta **apostar**. Pero los muchachos no quieren apostar ni tampoco tienen dinero.

Las personas les dicen que no hay problema y que pueden jugar sin apostar si ellos quieren. Al final, los muchos deciden no jugar y se quedan sentados conversando.

"Yo ya estoy cansado. No quisiera jugar con ellos"

"¿Por qué no vamos a jugar **básquetbol**?"

"¿También sabes jugar básquetbol, Rodrigo?"

"No. Pero tengo una pelota de básquetbol **guardada** en mi casa. Si quieren puedo traerla para jugar un poco de básquetbol"

"Suena bien. Tráela. No te demores mucho"

Rodrigo tiene muchísimas pelotas de futbol, vóleibol, básquetbol e incluso de tenis. Vivir en frente de dos enormes campos deportivos ha ayudado a Rodrigo a mantener un **estilo** de **vida sano** y **alegre**.

Rodrigo no encuentra la pelota de básquetbol. Él corre a preguntarle a su papá si es que ha visto la pelota. Su papá le dice que sí. La pelota está en su habitación. El papá de Rodrigo le da la **llave** de su habitación y Rodrigo entra para sacar el balón.

Rodrigo saca el balón y sale de su casa hacia el campo deportivo. Algunos de sus vecinos lo ven y le preguntan qué está haciendo.

"Estoy llevando mi balón de básquetbol para jugar con mis amigos"

"¿Podemos jugar contigo también?

"Voy a preguntar a mis amigos"

Rodrigo siempre juega con sus **vecinos**. Pero en esta ocasión él está con Piero y ángel. Él sabe que Piero y Ángel jamás han jugado con los vecinos de Rodrigo y él no sabe si es una buena idea que Piero y Ángel jueguen con sus vecinos.

"Piero, ángel, mis vecinos quieren jugar con nosotros. ¿Les dejamos jugar?"

"No tengo problema. ¿Qué dices tú Piero?

"Yo tampoco tengo ningún problema. Que vengan a jugar."

Rodrigo los llama y ellos entran al campo deportivo. Son bastantes lo que entran a jugar. Durante media hora más, Piero, Ángel y Rodrigo y sus vecinos juegan básquetbol.

Al final de partido, los vecinos de Rodrigo le **agradecen** y se van del campo para comprar unas bebidas.

"Estuvo divertido, ¿verdad, muchachos?"

"Estuvo genial. La siguiente vez que estemos aquí, puedes llamarlos para que jueguen con nosotros una vez más"

"Yo les diré"

"¿Sabes qué hora es?"

"Son las 2 de la tarde"

Piero estaba preguntando la hora ya que él tiene que ir a almorzar. Rodrigo le dice que él puede comer en su casa si es que él desea. En realidad, Rodrigo invita a Piero y Ángel a comer en su casa.

"Vamos a mi casa a comer"

"Gracias, Rodrigo"

"De nada. Cuando estén adentro, no se olviden de **lavarse** bien las **manos** y de limpiar sus zapatillas"

"Yo quisiera bañarme"

"Ya te podrás bañar cuando llegues a casa. Por el momento sólo lávate las manos para que puedas comer"

"Vale"

"Vale, también quisiera **descansar**. Estoy muerto"

"En mi casa hay unos sofás en los que podrás sentarte, sólo espera a que entremos"

"Vale"

Los muchachos entran a la casa de Rodrigo y después de lavarse las manos, se ponen a comer. Luego de comer, los muchachos intentan **acordar** otro día para volver a jugar futbol. Piero **prefiere** los domingos, pero Ángel quiere los martes. Al final Rodrigo les dice que el campo deportivo está **ocupado** de lunes a viernes y que sólo los fines de semana está lo suficientemente vacío para que vengan a jugar.

Entonces, los tres acuerdan jugar el siguiente domingo. Esta vez, ángel piensa traer a su hermano menor, ya que a él también le gusta jugar mucho el fútbol.

"Si tu hermano sabe jugar muy bien y a él le gusta, entonces tráelo."

"Lo haré, tendremos que pedir permiso a nuestros padres, primero"

Y así, los muchachos acaban su conversación y salen nuevamente al campo de fútbol, esta vez ellos no jugarán. Simplemente van para ver como juegan las demás personas.

Resumen de la historia

Rodrigo es un muchacho a quien le encanta jugar futbol. Él lo juega todos los días después de hacer sus tareas. Él vive en frente de dos campos de fútbol enormes, por lo que le es fácil salir a jugar todos los días. Piero y Ángel, amigos de Rodrigo, vienen a jugar con él. Piero tiene un problema con sus zapatillas y Rodrigo le ayuda. Luego, se ponen a conversar sobre los otros deportes que ellos practican. Al final, los vecinos de Rodrigo vienen a jugar con ellos y después, Piero, Ángel y Rodrigo van a almorzar todos juntos en la casa de Rodrigo.

Summary of the story

Rodrigo is a kid who loves playing soccer. He plays it every day after doing his homework. He lives in front of two huge soccer field, so he doesn't have any problem getting there every day. Piero and Ángel, Rodrigo's friends have come to play with him. Piero has a problem with his shoes and Rodrigo helps him. Then they start talking about the other sports they play. In the end, Rodrigo's neighbors come to play with them and then, Piero, Ángel, and Rodrigo go to have lunch together in Rodrigo's house.

- **Futbol:** soccer
- **Después:** after
- **Colegio:** school
- **Rutina:** routine
- **Misma:** same
- **Viene:** come
- **Tarea:** homework
- **Fácil:** easy
- **Vive:** lives
- **Frente:** in front
- **Campos:** fields
- **Niño:** kid
- **Deporte:** sport
- **Llaman:** call
- **Permiten:** allow
- **Responsable:** responsible
- **Sea:** be
- **Vecinos:** neighbors
- **Sueña:** dreams
- **Convertirse:** become
- **Grande:** big
- **Alistando:** getting ready
- **Patear:** kick
- **Pelota:** ball
- **Contento:** content

- Apuntar: aim
- Arco: goal
- Fenomenal: phenomenal
- Tiro: shot
- Gol: goal
- Celebran: celebrate
- Grita: shout
- Quejarse: complain
- Dolor: pain
- Dura: tough
- Zapatillas: snickers
- Desgastadas: worn out
- Prestar: lend
- Mías: mine
- Debajo: under
- Sucias: dirty
- Sácate: take off
- Ponte: put on
- Quedarán: fit
- Anota: score
- Turno: turn
- Esforzarse: strive
- Vóleibol: volleyball
- Ármalo: set it up
- Net: net

- **Postes: poles**
- **Tenis: tennis**
- **Bodega: store**
- **Energizante: energizing**
- **Mediano: médium-sized**
- **Ciclismo: cycling**
- **Lejos: far**
- **Paisajes: landscapes**
- **Lugares: places**
- **Sábado: Saturday**
- **Bicicleta:bycicle**
- **Casco: helmet**
- **Cadena: chain**
- **Luces: lights**
- **Teléfono: telephone**
- **Documento de identidad: identity document/ID card**
- **Equipos: teams**
- **Completos: complete**
- **Apostar: bet**
- **Básquetbol: basketball**
- **Guardada: stored**
- **Estilo: style**
- **Vida: life**
- **Sano: healthy**

- **Alegre: happy**
- **Llave: key**
- **Vecinos: neighbors**
- **Agradecen: thank**
- **Lavarse: wash**
- **Manos: hands**
- **Descansar: rest**
- **Acordar: agree**
- **Prefiere: prefer**
- **Ocupado: busy**

Chapter 10: Shopping

Diana está **libre** el día de hoy ya que es **feriado**. En los feriados, ella sale con sus amigas a **pasear**. En esta ocasión, Diana y sus amigas han ido al **centro comercial** que está en el centro de la ciudad para comprar ropa y accesorios.

Diana las **recoge** en su auto y las lleva al centro comercial. Las amigas de Diana viven muy cerca de ella, así que ella no tiene ningún problema en recogerlas. Una de las amigas de Diana se demora un poco en salir. Pero al final ella sale de su casa y entra al auto de Diana.

Cuando finalmente llegan al centro comercial, Diana tiene que **estacionar** su auto pero ella no puede encontrar un lugar donde estacionarse. Ella pregunta a varias personas si hay un espacio disponible cerca de donde ellas están.

Al final, ella logra encontrar un espacio disponible y se estaciona. Diana les dice a sus amigas que **bajen** del auto y todas se dirigen al centro comercial. Dentro del centro comercial, ellas se quedan maravilladas por la

renovación que se había llevado a cabo la semana pasada.

En los ojos de ellas, el centro comercial parece nuevo. Muchas de las tiendas que estaban en la entrada del centro comercial ya no están. Todas las tiendas han sido **movidas** a otros pisos u otros lugares.

"La tienda donde me gusta comprar **ropa** ya no está aquí" – dice Diana

"De seguro está cerca de aquí. ¿Por qué no preguntamos a uno de los **guardias** si ellos saben dónde está esa tienda?"

"Sí, hay que **preguntarle**"

Diana y sus amigas empiezan a buscar a un guardia de **seguridad** para preguntare sobre la tienda. Felizmente, encuentran a uno en sólo segundos.

"Buenos días, ¿sabe dónde está la tienda de ropas que estaba aquí cerca de la entrada?"

"La tienda que estaba allí fue movida al **segundo** piso. Ustedes pueden tomar el **ascensor** o pueden subir las escaleras."

"Muchas gracias, ¿dónde están las escaleras eléctricas?"

"Las escaleras eléctricas están cerca del **baño**"

"¿Y el ascensor?"

"El ascensor está cerca del baño también"

"Gracias nuevamente."

"De nada"

"Muy bien, chicas. Hay que encontrar las escaleras eléctricas."

Las escaleras eléctricas están un poco lejos de donde ellas están. Caminan por unos cuantos minutos, pero mientras van caminando, ellas van mirando todos los productos que están en las **vitrinas** de las tiendas. La variedad de las tiendas en este centro comercial es asombrosa.

Hay de todo un poco. Hay **tiendas de electrodomésticos, tiendas de celulares, tiendas de ropas, tiendas de muebles, tiendas para ropas de bebés, pastelerías, tiendas de bicicletas y ropa deportiva, casas de cambio** y mucho más.

Antes de ir a las escaleras eléctricas, una de las amigas de Diana se acerca a una de las tiendas.

"¿A dónde vas, María?"

"Estoy yendo a la tienda de electrónicos. Quiero preguntar por los precios de **cargadores** de celulares"

"Hay que entrar a la tienda, entonces, y preguntar al vendedor"

"Buenos días, ¿cómo le puedo ayudar?"

"Buenos días. Vengo por un cargador de celular."

"Aquí usted podrá encontrar el cargador que usted anda buscando. Sígame para mostrarle los cargadores que tenemos"

"¿Los cargadores están en oferta?"

"Sí, los cargadores tienen un **descuento especial** este mes."

"Quisiera llevarme este cargador"

"Genial. Sígame a la **ventanilla**, por favor"

"Vamos"

"El precio de este cargador es de 9 dólares y 25 centavos"

"Vale. ¿Acepta **tarjeta**?"

"¿Tiene tarjeta de **débito** o **crédito**?"

"Es una tarjeta de débito"

"Por favor **deslice** su tarjeta aquí e ingrese su **clave**."

"Ya está"

"Muy bien. ¿Desea una **bolsa** con para el cargador?"

"No. Llevaré el cargador en mi **cartera**."

"¿Desea algún otro producto?"

"No, gracias"

"Ok. Gracias por comprar aquí"

"Gracias"

La amiga de Diana pone el cargador de celular que acaba de comprar dentro de su cartera. Ella también guarda su tarjeta de débito dentro de su **billetera**. El cargador anterior que ella tenía se había malogrado después que le **cayera agua.** Ahora, con este nuevo cargador, ella podrá usar su celular cuando ella desee.

Las muchachas siguen caminando hasta que finalmente encuentran las escaleras eléctricas. Como dijo el guardia. Las escaleras estaban cerca de donde está el baño. Las chicas suben a las escaleras y llegan al segundo piso.

En el segundo piso de este centro comercial hay más tiendas que en el primer piso. La tienda de ropa que Diana estaba buscando se encuentra aquí. Antes de entrar, Diana busca su billetera para ver si tiene suficiente dinero. Dentro de su billetera, ella encuentra 300 dólares.

Diana y sus amigas entran a la tienda de ropa. En esta tienda hay de todo. Hay **zapatos, zapatos con tacones, blusas, pantalones largos y cortos, ropa interior, ropa para hombres y niños**. Lo único que no hay en esta tienda es ropa para **bebés**.

Diana vino para comprarse una blusa nueva. Después de buscar en la tienda por unos minutos, Diana cree que ella ha encontrado la blusa ideal. Es una **blusa** muy bonita y a ella le gusta, pero no sabe si le quedará.

Ella va al vestuario para probárselo y se da con la sorpresa de que no le queda. Pero no se preocupa porque ese vestido viene en varios **tamaños**. Diana le pide a una de sus amigas que traiga el mismo vestido pero en un tamaño diferente.

La amiga de Diana lo trae y se lo da a Diana. Diana se lo prueba y esta vez sí le **queda** perfectamente. Sale del vestuario con el vestido puesto y pregunta a sus amigas si se ve bien.

"¿Qué tal **luzco** en este vestido, chicas? ¿Les gusta?"

"Está muy bonito. Tienes buen gusto"

"Gracias"

"¿Cuánto cuesta ese vestido?"

"No lo sé. Tendré que preguntar a uno de los **vendedores**"

"¿Ese vestido no tiene ninguna **etiqueta**?"

"No he visto ninguna etiqueta en este vestido"

"Yo sí la veo. Aquí está."

"¿qué dice en la etiqueta?"

"Dice que fue hecha en China y que hay que lavarse con cuidado"

"¿Dice algo sobre el precio?"

"Déjame ver. Sí. Dice que el precio de este vestido es de 80 dólares"

"¿80 dólares?"

"Sí, así es"

"Me parece muy caro. ¿No hay algún otro vestido parecido a este que sea más barato?"

"Déjame buscar"

La amiga de Diana va a buscar un vestido que se parezca un poco al vestido que Diana se acaba de probar. Pero no encuentra ninguno parecido. Tal parece que si Diana quiere llevarse ese vestido, ella tendrá que pagar 80 dólares.

"Creo que mejor no lo compro. Me parece muy caro y creo que puedo **conseguir** otro vestido a menor precio"

"Tienes razón. Pero no hay que salir de la tienda todavía. Quiero buscar unos pantalones"

"No hay problema. Busquemos juntas."

Diana y sus amigas empiezan a buscar en la tienda de ropas unos pantalones que le queden a la amiga de Diana. La tienda de ropas es tan grande, que los pantalones tienen su propia sección.

Después de pasar 10 minutos buscando, la amiga de Diana siente que no encuentra nada que le guste. Salen de la tienda y van hacia la tienda de **muebles** a preguntar los precios de sofás.

Los sofás de la casa de Diana son muy viejos y están muy desgastados. Sus padres le pidieron que ella compre unos nuevos sofás. Ella no sabe cuánto pueden costar los sofás exactamente, por ello decide preguntar.

"Hola. Quería preguntar el precio de unos sofás nuevos"

"¿Tienes algún modelo en mente?"

"No. Sólo quiero saber el precio para saber si puedo llevármelo."

"Claro. Mira. Aquí tenemos **modelos** de sofás que sé que te van a encantar."

"¿Y cuánto esta este modelo?"

"Este modelo de sofá esta 120 dólares"

"Me parece un buen precio."

"Y eso no es todo. Si usted compra con una tarjeta de crédito, usted tendrá un 30% de **descuento**"

"¡Genial! Quisiera llevármelos"

"Por favor, sígame a la **ventanilla**"

"Vamos"

"Por favor, deslice su tarjeta de crédito aquí"

"Ya está"

"Parece que hubo un problema. No puedo **aceptar** su tarjeta."

"¿En serio? ¿Puedo deslizarla una vez más?"

"Claro"

"Ya está. ¿Esta vez mi tarjeta fue aceptada?"

"Sí, su tarjeta fue aceptada. Disculpe el inconveniente"

"No se preocupe"

Algo que tal vez Dina y sus amigas se hayan olvidado es que los sofás son muy **pesados**, y para llevarlos, ellas tendrán que pedir ayuda a los encargados de la tienda. Felizmente, ellos las ayudan sin cobrar nada. Los empleados suben los sofás al carro de Diana y ella les da una **propina**.

Antes de irse del centro comercial, Diana desea comer algo en el restaurante del centro comercial. Las chicas vuelven a entrar al centro comercial y, debido a la renovación del centro comercial, no pueden encontrar la sección de restaurantes.

Nuevamente preguntan a un guardia de seguridad para que las ayude a encontrar el restaurante. Este guardia no sabe dónde se encuentra el restaurante que Diana está buscando. Diana teme que el restaurante al que ella siempre iba cuando venía al centro comercial haya dejado funcionar debido a la renovación.

Una de las migas de Diana se da cuenta que el restaurante está afuera del centro comercial. Lo que les llama la atención. Sin demora, las chicas van al restaurante y piden una hamburguesa para cada una. Diana también pide un burrito y unos tacos para llevar. Las amigas de Diana también quieren comer un helado.

"Yo pago el **helado**, chicas"

"Gracias, Diana"

"¿Tú no quieres helado?"

"¿Quisiera saber primero qué **sabores** tienen?"

"Bueno, yo sé que sabores tienen ya que yo siempre pido el helado cada vez que vengo a este restaurante"

"¿Cuáles son los sabores?"

"Los sabores que ellos tienen son **mora, fresa, vainilla, chocolate, piña y menta**"

"¡Vaya! Son varios sabores. No puedo escoger"

"Escoge un sabor que no hayas probado aun. Así probaras algo diferente"

"Ok. Aún no he probado el helado sabor a menta."

"Entonces, ¿pido ese sabor de helado?

"Sí, por favor"

Las chicas disfrutan de los helados por unos cuantos minutos más hasta que ven que ya es hora de partir. Es cierto que Diana no pudo comprar la blusa que ella quería, pero tal vez, la próxima vez que venga, el precio de ese vestido baje considerablemente.

Las chicas caminan hacia el auto de Diana. Diana muestra su boleto de compras para no pagar el estacionamiento. Las chicas se suben y ponen algo de música. Antes de partir, todas se ponen su cinturón de seguridad.

Antes de encender el auto, Diana les agradece.

"Muchas gracias por acompañarme"

"No te preocupes. La siguiente nos pasas la voz. Nos gustó salir contigo. Esperemos que se repita."

"No hay duda que las llamaré"

Finalmente, Diana enciende el auto, sale del **estacionamiento** del centro comercial y se dirige a casa.

Resumen de la historia

Diana y sus amigas se dirigen al centro comercial en el feriado. Diana tiene en mente comprar un vestido, pero lamentablemente cuando ella encuentra el vestido, el precio es demasiado caro para ella. Mientras tanto, las amigas de Diana van comprando cargadores y pantalones. Al final, Diana se acuerda que ella tiene que comprar sofás nuevos ya que los sofás que ella tiene en su casa son muy viejos y están muy desgastados. Después de comprarlos, los pone en su auto. Finalmente, ellas comen en un restaurante que antes estaba dentro del centro comercial para luego partir a casa.

Summary of the story

Diana and her friends go to the mall on a holiday. Diana has in mind buying a dress, but unfortunately, when she finds the dress, it's too expensive for her. Meanwhile, Diana's friends are buying chargers and pants. In the end, Diana remembers that she has to buy new sofas because the sofas that she has in her house are very old and worn-out. After buying them, she puts them in her car. Finally, they eat at a restaurant that used to be inside the mall and then go home.

- **Libre: free/available**
- **Feriado: holiday**
- **Pasear : hang out**
- **Centro comercial: mall**
- **Recoge: pick up**
- **Estacionar: park**
- **Bajen: get off**
- **Renovación: renovation**
- **Movidas: moved**
- **Ropa: clothes**
- **Guardias: guards**
- **Preguntarle: ask him**

- **Seguridad:** security
- **Segundo:** second
- **Ascensor:** lift
- **Baño:** bathroom
- **Vitrinas:** glass
- **Electrodomésticos:** home appliances
- **Celulares:** celphones
- **Ropas:** clothes
- **Muebles:** furniture
- **Ropas de bebés:** baby clothes
- **Pastelerías:** bakeries
- **Deportiva:** sport
- **Casas de cambio:** Currency Exchange office
- **Cargadores:** chargers
- **Descuento:** discount
- **Especial:** especial
- **Ventanilla:** counter
- **Tarjeta:** card
- **Débito:** debit
- **Crédito:** credit
- **Deslice:** swipe
- **Clave:** key
- **Bolsa:** bag
- **Cartera:** purse
- **Billetera:** wallet

- **Cayera: fall**
- **Agua: water**
- **Bebés: babies**
- **Zapatos: shoes**
- **Zapatos con tacones: high heels**
- **Pantalones largos: long pants**
- **Pantalones cortos: short pants**
- **Ropa interior: underwear**
- **Ropa para hombres: men's clothes**
- **Blusa: blouse**
- **Tamaños: sizes**
- **Queda: fit**
- **Luzco: look**
- **Vendedores: sellers**
- **Etiqueta: label**
- **Conseguir: get**
- **Modelos: models/brands**
- **Descuento: discount**
- **Aceptar: accept**
- **Pesados: haeavy**
- **Propina: tip**
- **Helado: ice cream**
- **Sabores: flavors**
- **Mora: blackberry**
- **Fresa: strawberry**

- **Vainilla:** vanilla
- **Chocolate:** chocolate
- **Piña:** pineapple
- **Menta:** mint
- **Estacionamiento:** parking

Chapter 11: Animals

El **zoológico** de la ciudad fue recientemente **inaugurado**. Muchas personas estaban esperando **ansiosamente** a que el zoológico esté abierto. Un nuevo zoológico significa un nuevo lugar dónde las familias pueden ir para **divertirse** y pasar unos momentos juntos. Además, todos los que entran al zoológico pueden aprender sobre los **animales** que **alberga**.

Es eso lo que hoy día Jorge, sus padres y su hermano menor están haciendo. Jorge se perdió el **paseo** al zoológico que su escuela había planeado el mes pasado, ya que él se había **enfermado**.

Ahora que está mejor, sus padres lo han traído a él y a su hermano menor a este zoológico. Y como el zoológico acaba de ser inaugurado, muchas de las **instalaciones** y **atracciones** del zoológico son nuevas.

Los animales nuevos que han traído son la **sensación**. Jorge está súper emocionado de ver el **león** y la **pantera**. Sus padres están más interesados en ver los **peces** y el **hermanito** de Jorge quiere ver las **aves**.

Ellos llegan al zoológico temprano. Hacen su **cola** y pagan la **entrada**. Como Jorge y su hermano son menores de edad, ellos pagan un precio especial; ellos tienen un **descuento**. No es así con los padres de Jorge; ellos pagan el precio completo.

La primera sección a la que ellos entran es la sección de los **primates**. Es nueva. Se ve que han traído más animales y los animales en esta sección son muestra de ello.

"Papá, ¿Esos son **monos**?"

"Así es hijo"

"No sabía que los monos pueden ser tan grandes"

"Estos no son cualquier mono, hijo. Estos son gorilas."

"¿Gorilas? Me dan mucho miedo"

"Son muy grandes y fuertes. No te acerques mucho a ellos"

"¿De dónde vienen los **gorilas**?"

"Los gorilas viene de la jungla"

"¿Comen mucho?"

"Sí. Ellos comen bastante"

"¿Qué otros animales hay en esta sección, papá?"

"En la sección de primates vas a encontrar varios tipos de monos, **orangutanes** y gorilas."

"Los monos parecen divertidos"

"Lo son. Pero siempre hay que tener cuidado a la hora de estar con animales"

"Entendido, papá"

"Si seguimos caminando, veremos más monos y más animales"

"¡Vamos!"

Mientras Jorge y su familia van caminando por la sección de primates, ellos ven más **simios** y se quedan maravillados por la gran variedad que hay. Todos estos animales tienen su propio espacio donde ellos pueden **jugar**, **comer** y **dormir**. Todos los animales de la sección de primates y de las demás secciones de este zoológico cuentan con cuidados especiales.

Muchos de los animales en este zoológico son animales que fueron **rescatados**. Aquí, ellos son cuidados y alimentados. También se les da la medicina que ellos necesitan para sentirse mejor.

La siguiente sección es la sección de las aves. Es la sección que el hermano de Jorge estaba esperando ver. El hermanito menor de Jorge se sorprende. Para entrar a la sección de aves, ellos tiene que entrar a una **jaula** enorme donde todas las aves se encuentran. Hay aves muy coloridas y el hermano de Jorge se anima a preguntar.

"Papá, ¿estás aves siempre hacen mucho ruido?"

"Así es hijo, es su manera de comunicarse"

"¿Cuántas aves crees que haya aquí?"

"Tal vez haya mil o más"

"¡Vaya! Yo también quisiera tener una ave de **mascota**."

"No hijo. Algunas aves no pueden ser mascotas"

"¿En serio? ¿Cómo cuáles?"

"Como por ejemplo, las aves no voladoras"

"¿Aves no voladoras? ¿Hay aves que no pueden volar?"

"Así es hijo, y creo que tú conoces un ave que no puede volar"

"No se me ocurre nada, papá"

"Bueno, el **pollo** y la **gallina** son aves que no pueden volar, por ejemplo. Ambas aves sirven de **alimento** para nosotros"

"No se me había ocurrido"

"Mira, afuera de la sección de aves hay otra ave que tampoco puede volar"

"¿Qué ave es esa?"

"Fíjate bien en que ave es y lo sabrás"

"¡Es un **pingüino**!"

"Exacto. Los pingüinos tampoco pueden volar, pero son excelentes nadadores. Algunos pingüinos viven en lugares donde hace mucho **frio**"

"¿Y cómo aguantan todo ese frío?"

"Los pingüinos tienen un **pelaje** especial que les ayuda a **mantenerse calientes**. Pero ellos también se **protegen** y se alimentan muy bien"

"Ellos comen **pescado**, ¿verdad, papá?"

"Como ellos son excelentes **nadadores**, ellos saben **cazar** pescado muy bien"

Después de esa **explicación**, Jorge y su familia se dirigen al **acuario** que está en el centro del zoológico. Los padres de Jorge querían venir a ver esta sección en especial ya que al papá de Jorge le gusta mucho los peces.

La mamá de Jorge solía tener una pequeña **pecera** en la sala de la casa. Ella cuidaba del acuario todos los días. Ella alimentaba a los peces y cambiaba el agua cada vez que era necesario. Ahora ella se queda **boquiabierta** al ver el inmenso acuario que hay en este zoológico.

Pero los peces no son los únicos que están en este acuario. **Cangrejos, moluscos, camarones, esponjas de mar, pulpos e incluso delfines** están en este acuario. Cada especie en un lugar diferente.

Mientras ellos caminan viendo el acuario, ellos pueden ver que hay **letreros** que explican lo que cada animal hace y cómo se comporta en su hábitat **salvaje**. Ellos leen con interés mientras que Jorge y su hermanito se quedan viendo un pulpo.

El pulpo parecía que estaba durmiendo. Jorge y su hermanito creen que ellos despertaron al pulpo. Ellos ven que el pulpo tiene muchos tentáculos y empiezan a contarlo. Todos estos tentáculos son muy largos pero el pulpo parece tener una forma muy divertida.

El pulpo se va nadando y aparece un cangrejo. Pero este cangrejo es más grande que los cangrejos que se ven en el mar. Este cangrejo se mueve rápido y sus largas **patas** lo ayudan a saltar.

Jorge ve un objeto de color naranja que está en el suelo del acuario y le pregunta a su papá qué es. Su papá le dice que esa cosa es un animal.

"¿Estás seguro que no lo has visto antes?" – pregunta su papá

"No creo que lo haya visto antes, papá" - responde Jorge

"¿Cuántas patas tiene?"

"Tiene 5"

"¿Qué forma tiene es e animal, hijo?"

"Se parece a una **estrella**"

"Entonces, ese animal debe ser…"

"¡Es una estrella de mar!"

"¡Así es! Es una **Estrella de mar**"

Jorge le dice a su hermanito que él ha encontrado una estrella de mar en el acuario. El hermanito de Jorge le pregunta dónde está y Jorge le señala dónde se encuentra la estrella de mar.

El acuario es una de las zonas más grandes del zoológico, por lo que le toma a la familia de Jorge alrededor de 20 minutos salir del acuario. Antes de salir, ellos toman tantas fotos como pueden de los animales y de los peces que ven. Los peces son de muchísimos colores y formas. Casi todos los animales del acuario son animales que Jorge y su familia jamás han visto.

Al salir del acuario, ellos encuentran al león. Es lo que Jorge quería ver desde que él llegó. El león está puesto en un espacio cerrado. Las personas pueden verlo a través de la **pared** de **vidrio transparente**. A algunas personas les da mucho miedo **acercarse** al león. Jorge también tiene un poco de miedo, pero igual se queda a ver al león. Él sabe bien que el león no puede hacerle daño siempre y cuando el león esté en su espacio y haya una pared de vidrio transparente.

El león **ruge** con mucha fuerza y las personas se quedan asombradas por su rugido. El hermanito de

Jorge se **asusta** y empieza a llorar. Sus padres intentan calmarlo pero el niño sigue llorando.

Jorge se da cuenta de que su hermanito está llorando y va a comprar un helado afuera de la jaula del león, se lo trae a su hermano y su hermano deja de llorar. Todos siguen avanzando.

"Pensé que en este zoológico había serpientes" – dice Jorge

"Yo también" - dice la mama de Jorge

"A lo mejor hay que preguntar a alguien dónde están las **serpientes**" – dice el papá de Jorge

Antes de que puedan preguntar a alguien, ellos se topan con los cocodrilos. Están en un hábitat especial que parece un pantano. Los padres de Jorge quieren tomar una foto pero el cuidador les dice que las fotos están prohibidas en esta sección. Los padres de Jorge guardan sus cámaras y admiran al animal.

"¿Qué nos falta ver?" – pregunta el papá de Jorge

"Creo que no nos falta nada más por ver"

"Entonces, ¿qué les parece si vamos a comer algo?"

"Suena genial"

"Sí"

"Tenemos que encontrar el restaurante"

"Aquí hay un mapa que nos puede guiar al restaurante"

Dentro del zoológico hay un restaurante muy grande y muy bonito. Todas las familias son bienvenidas dentro del restaurante. Cuando finalmente la familia de Jorge encuentra el restaurante, ellos ven que el restaurante está decorado con muchas fotos y pinturas de animales salvajes. Incluso hay muñecos enormes de leones, **gacelas, tortugas y cebras**.

Los padres de Jorge empiezan a almorzar mientras que Jorge y su hermano van a jugar a los juegos **mecánicos** que están cerca del restaurante. Hay **carritos chocones, laberintos y toboganes**. Jorge y su hermanito se divierten bastante mientras juegan.

Después que los papás de Jorge acaban de comer, ellos llaman a sus hijos para que vengan a comer también. Después que toda la familia ha acabado de comer, ellos se preparan para salir del zoológico y regresar a casa.

Cerca de la puerta de salida del zoológico hay una tienda de reglaos muy bonita. Jorge insiste a su padre para comprar unos recuerdos del zoológico. Al principio, su papá no quiere entrar a la **tienda de regalos** ya que él cree que todo lo que venden allí está muy caro. Él le dice a Jorge que él no tiene suficiente dinero para comprar unos recuerdos dentro del zoológico.

La mamá de Jorge les dice que no hay problema en entrar al zoológico siempre y cuando no vayan a comprar algo muy caro. El papá de Jorge acepta y todos entran a la tienda de regaos.

"Mira papá. Hay un **oso de peluche** colgado aquí"

"Sí. Y es muy grande."

"¿Nos lo podemos llevar?"

"Hay que preguntar a tu mamá"

"Mamá, ¿puedes comprarme este oso de peluche?"

"Pero hijo, tú ya tienes dos osos de peluche en la casa"

"Sí, lo sé. Pero no tengo uno de este tamaño"

"Hijo, este oso de peluche es muy caro"

"Pero mamá, lo quiero"

"Hijo, tienes que entender que no tenemos para pagar por el oso"

"Ok, mamá"

"Mira, aquí hay otro oso de peluche que estoy segura que te va a gustar. Este oso de peluche está más barato también."

"A ver. Quiero verlo"

"Es un oso muy bonito"

"Es un oso panda, ¿verdad?"

"Sí, hijo"

A Jorge le gustan mucho los **osos pandas** y a su hermanito también, sus padres deciden comprar el oso panda para ambos. El papá de Jorge compra un gorro y la mamá de Jorge se compra un **llavero**.

De esa manera termina el día para la familia de Jorge. Todos salen muy contentos del zoológico. Jorge y su hermanito preguntan cuándo volverán.

"¿Podemos volver la siguiente semana, papá?"

"Si se portan bien, los traeré de nuevo al zoológico"

"¡Qué bien!"

Jorge y su hermano se ponen a jugar dentro del auto y la mamá y el papá de Jorge se **abrochan** los

cinturones. El papá de Jorge enciende el auto y todos regresan a casa.

Resumen de la historia

Jorge no pudo ir al paseo que su escuela había organizado porque él estaba enfermo. Por esa razón, su familia planea un paseo al zoológico. Jorge y su familia encuentran diferentes secciones en todo el zoológico y se asombran por todos los animales nuevos que han traído. Después de ver los animales, Jorge y su familia almuerzan y van a la tienda de regalos. Al final, el papá de Jorge les promete volver la siguiente semana si ellos se portan bien.

Summary of the story

Jorge couldn't go on the trip his school had organized because he was sick. That's why his family plans a trip to the zoo. Jorge and his family find different sections in all the zoo and they're amazed at the new animals that have been brought. After seeing the animals, Jorge and his family have lunch and go to the gift store. In the end, Jorge's dad promises them to go back next week if they behave.

- **Zoológico:** zoo
- **Inaugurado:** inaugurated
- **Ansiosamente:** anxiously
- **Divertirse:** have fun
- **Animales:** animals
- **Alberga:** hosts
- **Enfermado:** sick
- **Paseo:** trip
- **Instalaciones:** installations
- **Atracciones:** attractions
- **Sensación:** sensation
- **León:** lion
- **Pantera:** panther
- **Peces:** fish
- **Hermanito:** younger brother
- **Aves:** bird
- **Cola:** queue
- **Entrada:** ticket
- **Descuento:** discount
- **Primates:** primates
- **Monos:** monkeys
- **Gorilas:** gorillas
- **Orangutanes:** orangutans
- **Simios:** apes
- **Jugar:** play
- **Comer:** eat

- **Dormir: sleep**
- **Rescatados: rescued**
- **Jaula: cage**
- **Mascota: pet**
- **Pollo: chicken**
- **Gallina: hen**
- **Alimento: food**
- **Pingüino: penguin**
- **Frio: cold**
- **Pelaje: fur**
- **Mantenerse: keep**
- **Calientes: hot**
- **Protegen: protect**
- **Pescado: fish**
- **Nadadores: swimmers**
- **Cazar: hunt**
- **Explicación: explanation**
- **Acuario: aquarium**
- **Pecera: fish tank**
- **Boquiabierta: open**
- **Cangrejos: crab**
- **Moluscos: mollusks**
- **Camarones: shrimps**
- **Esponjas de mar: sea sponges**
- **Pulpos: octopuses**
- **Delfines: dolphines**

- Letreros: signs
- Salvaje: wild
- Patas: feet
- Estrella: star
- Estrella de mar: starfish
- Pared: wall
- Vidrio: glass
- Transparente: transparent
- Acercarse: approach
- Ruge: roar
- Asusta: be afraid
- Serpientes: serpents
- Gacelas: gazelles
- Tortugas: turtles
- Cebras: zebras
- Mecánicos: mechanic
- Carritos chocones: bumper car
- Laberintos: mazes
- Toboganes: sledges
- Oso de peluche: teddy bear
- Tienda de regalos: gift shop
- Osos pandas: panda bear
- Llavero: key chain
- Abrochan: fasten
- Cinturones: belt

Chapter 12: Going to the Doctor

Era un tarde como **cualquier** otra para Fernando. El muchacho había ido a jugar fútbol con sus amigos después de hacer sus tareas. A él le **encantaba** jugar futbol con sus amigos. Aunque es verdad que él sabe jugar futbol muy bien, los **accidentes** pueden llegar a ocurrir de todas maneras.

Se **escuchó** un grito muy fuerte en el campo deportivo. Dos muchachos, uno de ellos Fernando, estaban **echados** en el suelo **quejándose** de dolor. Los demás muchachos **dejaron** de jugar y empezaron a **rodear** a los dos muchachos que se habían **golpeado**.

Fue un accidente, pero parecía **grave**. Fernando estaba **sangrando**, el otro muchacho estaba solo **llorando de dolor**. Uno de los amigos de Fernando que estaba jugando con él cuando el accidente pasó **llamó** a su mamá y le dijo sobre lo que había **ocurrido**. Su mamá fue **apresuradamente** al campo deportivo a ver a su hijo.

La mamá de Fernando entró al campo deportivo y ayudó a su hijo a **levantarse**. Es ahí cuando ella se dio cuenta que su hijo no podía **caminar**. La mamá de Fernando también llamo a unos de los padres del otro muchacho. Los padres del otro muchacho también vinieron al campo deportivo sólo unos minutos después.

Ambos muchachos fueron llevados al **hospital** tan rápido como se pudo. Después de estar en la sala de **urgencias** por unas horas, los muchachos se **recuperan** y vuelven a casa. Una **semana** después, ellos **vuelven** al doctor para **continuar** con el **chequeo** médico y ver su **avance**.

"Buenas tardes, doctor" – dice Fernando

"Buenas tardes. ¿Dónde está tu mamá?" – pregunta el doctor

"Mi mamá está por llegar. Ella está en camino"

"Mientras esperamos a tu mamá, ¿por qué no me cuentas lo que ocurrió?"

"Claro, doctor. Yo estaba jugando futbol con mis amigos en el campo deportivo que está cerca de mi casa. En una de las **jugadas**, yo pensé que había **pateado** muy fuerte el balón. En realidad, pateé a uno de mis amigos por accidente. El **golpe** que nos dimos fue tan fuerte que ambos nos caímos y nos raspamos las piernas contra el suelo. Cuando me di cuenta de que estaba sangrando, quería levantarme para ir a mi casa y buscar ayuda, pero se me hacía difícil levantarme."

"¿Qué parte de la pierna te golpeaste?"

"Fue el **tobillo**, doctor"

"¿Qué pasó después?"

"Nos quedamos en el **suelo** por unos minutos y nuestros amigos nos rodearon. Ellos intentaron **ayudarnos** pero no sabían que hacer. Uno de ellos llamó a mi mamá y le dijo que había tenido un **accidente**. Mi mamá vino al campo deportivo y ella también **intento** levantarme pero se dio cuenta que yo no podía caminar."

"¿Fue ella quien te **llevó** al hospital?"

"Sí. Ella me llevó al hospital."

"¿Qué te hicieron? ¿Estuviste en la sala de Urgencias?"

"Sí, doctor. Ahí, un **traumatólogo** me ayudó. Él me dio algunas **pastillas** para el **dolor** y también me vendó el tobillo.

"¿Te dijo que hicieras algunos **ejercicios** para **mejorar** la **movilidad** del **pie**?"

"Me dijo que sí me iba a dar ejercicios para hacer en casa. Pero por el momento tenía que **descansar** y **avisar** a mi **doctor de cabecera**."

"Bueno, yo soy tu doctor de cabecera y déjame decirte que el accidente que tuviste no es muy grave"

"¿De veras, doctor?"

"Así es. Pero de todos modos tienes que descansar por una semana más. Que no sea grave no significa que puedes jugar **inmediatamente**."

"Lo sé, doctor. De todas maneras aun siento que no puedo jugar. Solamente caminar me duele, no me imagino cuánto me dolería si jugara futbol nuevamente."

"¿Trajiste los **medicamentos** que el traumatólogo te **recomendó**?"

"Sí, aquí están."

"Muy bien. Escucha. Seguirás tomando los medicamentos que el traumatólogo te dio, ¿ok? No **dejes** de tomarlos. Esos medicamentos son muy importantes. Ahora bien. Yo voy a **recomendarte** una **crema** contra el dolor."

"¿Dónde puedo **conseguir** esa crema, doctor?"

"La puedes conseguir en cualquier farmacia."

"¿Qué hará esa crema por mí, doctor?"

"Esa crema ayudará a que la **intensidad** del dolor **baje** considerablemente"

"Pero doctor, tengo una **herida** en varias partes de mi pierna. ¿Puedo **aplicarme** esa crema a pesar de las heridas que tengo?"

"Déjame ver tus heridas, por favor"

Fernando se quita la **venda** a la orden del doctor. Las vendas que rodean su pierna son muy largas. Cuando finalmente Fernando se quita las vendas, el doctor puede ver que las heridas que Fernando tiene no son tan grandes como lo eran la primera vez que vino hace una semana.

"Gracias, toma, acá tengo unas vendas para ti. Póntelas."

"Gracias, doctor"

"Veo que tu heridas no son tan graves como lo eran hace una semana. No hay **problema** en que te apliques la crema que te estoy dando. Recuerda **aplicar** esta crema a tu tobillo 3 veces por día. Todas las mañanas, después del almuerzo y antes de irte a dormir, ¿entendido?"

"Entendido doctor. ¿**Con cuanta frecuencia** debería cambiar muis vendas?"

"Debes **cambiártelas** una vez al día. De preferencia, cámbiatelas antes de irte a dormir"

"¿De vería usar un jabón **antibacteriano** para lavar las heridas?"

"No es necesario, pero si quieres usarlo, puedes hacerlo."

En ese momento, la puerta del doctor suena. Alguien está tocando la puerta del doctor. ¿Quién puede ser? Al doctor no le gusta que le **interrumpan** cuando está **atendiendo** a un paciente.

El doctor abre la puerta y es su **asistente** quien le dice que la mamá de Fernando acaba de llegar. El doctor le dice al asistente que deje pasar a la mamá de Fernando. La mamá de Fernando saluda al doctor y a su hijo, **toma asiento** y empieza a hablar con el doctor.

"Buenos días, doctor. Disculpe por la demora."

"No se preocupe, señora. Estaba conversando con su hijo sobre el accidente que tuvo hace una semana."

"Ya veo. Fue muy feo el accidente que Fernando y su amigo tuvieron."

"Lo sé. ¿Recuerda cuánto tiempo estuvieron en la sala de urgencias?"

"Creo que estuvimos por 2 horas, doctor"

"¿Y qué hicieron después?"

"Después de salir de la salas de urgencias, lo llevé a casa y le dije que descansara, tal como el doctor le había ordenado. "

"Bien. ¿Tiene usted alguna pregunta para mí?"

"Sí, doctor. ¿Cuánto tiempo tiene él que tener la venda puesta?"

"El accidente no fue tan grave, así que yo diría que en un mes él podrá quitarse las vendas. Pero si es que él no se **cuida** y no se **recupera**, entonces tendrá que seguir con las vendas por más tiempo"

"¿Tendrá que seguir un **tratamiento** de **rehabilitación**, doctor?"

"No creo. Normalmente recomendamos un tratamiento de rehabilitación cuando el accidente ha sido muy grave o cuando el paciente no puede mover su pierna. En el caso de Fernando, él aún puede mover su pierna y aunque ahora mismo es muy difícil caminar para él, él estará volverá a caminar en sólo dos semanas más sin necesidad de estar en rehabilitación"

"¿Debería él volver a jugar futbol?"

"No. Él no debe jugar futbol. Si él vuelve a jugar fútbol, podría tener un accidente de nuevo o no permitiría que su **lesión** sane correctamente, lo que causará más dolor y tal vez una lesión **permanente**."

"Entendido doctor"

Fernando mira a su mamá y su mama le da un **abrazo**. El doctor sabe muy bien que puede ser un poco difícil tenar un accidente, pero les asegura a los dos que no hay nada por lo que **preocuparse**.

El doctor toma asiento y empieza a **escribir** en una hoja de papel. Es la **receta médica**. Se lo da a la mamá de Fernando y les pide que lo compren inmediatamente.

El doctor también les dice a Fernando y a su mamá que él va a pedir una cita para **traumatología** para este fin de semana. Fernando y su mamá están de acuerdo. El doctor pasa a decirles lo que tienen que hacer.

"Tienen que ir a la cita con el traumatólogo. La cita ya está **programada** para este fin de semana. La cita es este sábado a las 11 de la mañana. Por favor, no se olviden de traer su receta médica que les estoy dando y no se olviden de decirle al doctor sobre el accidente."

"¿Cómo se llama el traumatólogo?"

"El nombre del doctor es: Pedro Abad"

"Muchas gracias, doctor"

"Eso sería todo por hoy. ¿Alguna pregunta más?"

"No doctor, no tengo ninguna otra pregunta"

Fernando y su mama agradecen al doctor por la atención que recibieron y se despiden de él. Al salir de la oficina del doctor, agradecen al asistente y también se despiden de él. Fernando vino en bus pero la mamá de Fernando vino en carro, por lo que ambos suben al auto.

Durante el regreso a casa, Fernando se queda **dormido**. Al llegar a casa, su mamá tiene que levantarlo ya ayudarlo a caminar hacia la puerta de la casa. El perro de Fernando se **alegra** de verlos pero su mamá intenta alejarlo para que el perro no toque la pierna de Fernando

Al entrar a la casa, la mamá de Fernando le dice que **descanse** y que vaya su habitación. La verdad es que Fernando se **aburre** mucho en su habitación y prefiere estar afuera con sus amigos. La mamá de Fernando piensa en algo muy ingeniosos.

Como ella sabe que su hijo prefiere estar afuera con sus amigos en lugar de estar todo el día en la casa. La mamá de Fernando pone una silla y una mesa en el jardín que está al frente de la casa y le dice a Fernando que vaya a sentarse ahí. Después, la mamá de Fernando llama a los amigos de Fernando para que vengan a jugar con él.

Muchos de los amigos de Fernando que vieron el accidente que tuvo vienen a ver como está. Algunos de ellos le traen **regalos** e incluso le traen **comida**. Otros traen unos juegos de mesa para jugar con Fernando.

La mamá de Fernando trae más sillas para que todos se sientan cómodos y hagan compañía a Fernando. Todos los amigos de Fernando tienen muchísimas preguntas.

"¿Te dolió mucho?"

"¿Cuánto tiempo estuviste en el hospital?"

"¿Cuándo volverás a jugar con nosotros?"

Fernando intenta responder todas las preguntas que puede, ¡pero son muchas! Algunos de sus amigos se sorprenden por las vendas que Fernando tiene. Uno de ellos incluso relata cómo una vez él también tuvo un accidente jugando fútbol.

Toda la tarde, Fernando y sus amigos se quedan conversando hasta que finalmente la mamá de Fernando le dice que es hora para cenar. Los amigos de Fernando saben que es hora de despedirse. Todos se dicen adiós y se van a casa.

Fernando **agradece** a su mamá y le da un abrazo. Tal parece que Fernando se olvidó del accidente que tuvo. Es cierto que tendrá que descansar por un mes, pero el tiempo pasa **volando**. Él sabe que en unas **pocas** semanas más él estará **jugando** una vez más con **todos** sus amigos.

Resumen de la historia

Fernando es un muchacho a quien le encanta jugar futbol después de hacer sus tareas. Lamentablemente, en esta ocasión, Fernando y su amigo tienen un accidente mientras ambos juegan futbol. Fernando y su amigo son llevados al hospital para ser revisados. Una semana después, Fernando vuelve con su mamá para el seguimiento con su doctor de cabecera. El doctor de cabera de Fernando le da instrucciones para que él siga cuando llegue a casa y también una nueva receta médica. Cuando Fernando y su mamá finalmente llegan a casa, Fernando, con la ayuda de su mamá, pasa el rato con sus amigos que vienen a visitarlo. Al final, Fernando agradece a su mamá y ambos ven a cenar.

Summary of the story

Fernando is a guy who loves playing soccer after doing his homework. Unfortunately, on this occasion, Fernando and his friend have an accident while both are playing soccer. Fernando and his friend are sent to the hospital to be checked. A week later, Fernando returns with his mom for a follow-up with his primary care physician. Fernando's doctor gives him instructions for him to follow and a new medical receipt. When Fernando and his mom finally get home, Fernando, with his mom's help, hangs out with his friends that are coming to visit him. In the end, Fernando thanks his mom and both have dinner.

- **Cualquier: any**
- **Encantaba: loved**
- **Accidentes: accidents**
- **Escuchó: heard**
- **Echados: laid**
- **Quejándose: complaining**
- **Dejaron: left**
- **Rodear: surround**
- **Golpeado: hit**
- **Grave: serious**
- **Sangrando: bleeding**
- **Llorando: crying**
- **Dolor: pain**
- **Llamó: called**
- **Ocurrido: happened**

- Apresuradamente: in a hurry
- Levantarse: get up
- Caminar: walk
- Hospital: hospital
- Urgencias: urgencies
- Recuperan: recover
- Semana: week
- Vuelven: come back
- Continuar: continue
- Chequeo: check
- Avance: follow up
- Jugadas: moves
- Pateado: kicked
- Golpe: hit
- Tobillo: ankle
- Suelo: ground
- Ayudarnos: help us
- Intento: try
- Llevó: brought
- Traumatólogo: traumatologist
- Pastillas: pills
- Dolor: pain
- Ejercicios: exercises
- Mejorar: improve
- Movilidad: mobility

- **Pie:** foot
- **Descansar:** rest
- **Avisar:** tell
- **Doctor de cabecera:** primary care physician
- **Inmediatamente:** immediately
- **Medicamentos:** medication
- **Recomendó:** recommended
- **Dejes:** leave
- **Recomendarte:** recommend
- **Crema:** cream
- **Conseguir:** get
- **Intensidad:** intensity
- **Baje:** decreases
- **Herida:** wound
- **Aplicarme:** apply it
- **Venda:** bandage
- **Problema:** problem
- **Aplicar:** apply
- **Con cuanta frecuencia:** how often
- **Cambiártelas:** change them
- **Antibacteriano:** antibacterial
- **Interrumpan:** interrump
- **Atendiendo:** attending
- **Asistente:** assistant
- **Toma asiento:** takes a seat

- **Recupera:** recovers
- **Cuida:** takes care of
- **Tratamiento:** treatment
- **Rehabilitación:** rehab
- **Lesión:** injury
- **Permanente:** permanently
- **Abrazo:** hug
- **Preocuparse:** worry
- **Escribir:** write
- **Receta médica:** medical receipt
- **Traumatología:** traumatology
- **Programada:** programed
- **Dormido:** slept
- **Alegra:** rejoices
- **Descanse:** rest
- **Aburre:** gets bored
- **Regalos:** gifts
- **Comida:** food
- **Agradece:** thanks
- **Volando:** flying
- **Pocas:** few
- **Jugando:** playing
- **Todos:** everyone

Conclusion

There are many goals you can set for yourself as a person. You can decide to grow your language skills by practicing the language that you prefer in any way you want it, but the key to success remains the same: perseverance. You see, sometimes, you might not have the time to read a whole book or lean all the grammar rules of a language, but that shouldn't stop you from trying to achieve your goal of proficiency and fluency. Try to practice every day, as little as you can, but don't give up easily. Don't quit just because you feel you can't.

Spanish Conversations is the tool you need to practice every day to understand not only how the language works, but also how the language is used on a daily basis by native speakers. This book was designed with you, the learner, in mind so that you can have a better understanding of what's being said and introduced in every chapter. Each chapter dealt with a specific topic and each story that's within it was produced to illustrate that point as much as possible, whether that topic is numbers, past tense, animals, parts of the house, sport vocabulary, school vocabulary and more.

Spanish Conversations' goal is to help you see how the language is used so that you can understand words in context and also imitate the example of native Spanish speakers. Because let's face it. The best examples of how to use the Spanish language comes from Spanish speakers themselves. They know how their language can be used in the many facets of life they encounter. Many of the phrases and terms this book uses have been verified by Spanish speakers themselves and they have given their approval. You can rest assured that what you are holding in your hands is a very modern and useful tool that anyone can use.

Learning Spanish might not seem easy at first. You might think that you're not making any progress, but don't despair. Every language learner has to come to terms with their own circumstances that might limit their advancement and then tackle them with optimism and confidence. Don't be shy to speak up. Show what you're learning so far. The best way to practice Spanish is if you use it, so don't stop speaking! At the same time, listen and continue learning. If your goal is fluency, then you understand that you need to continue growing in knowledge every day.

We know *Spanish Conversations* will prove to be the most useful tool in this path. You can have fun while learning, and improving every day.